音声DL BOOK

『不思議の国のアリス』で深める英文解釈12講

「ナンセンスの王国」に
英文法で迫る

勝田悠紀
イラスト はしゃ

NHK出版

はじめに

　『不思議の国のアリス』研究の大家エリザベス・シューエルが、こんなことを言っています。「不思議の国」とは、言葉で作られた世界である。「ノンセンス」とは、ルールや論理をとことん突き詰めることから生じる可笑しさである。

　言葉にとってのルールとはなんでしょう。そう、文法です。文法はある言語のルールを体系化したものであり、その言語を外国語として学ぶ際のツールです。文法は語学学習者の強い味方であり、便利品です。でも文法から得られるものは、恩恵ばかりではありません。私たちは時として文法に振り回されているように感じることも事実です。勉強すればするほど矛盾があるような気がしたり、ルール通りにやっているはずなのになぜかうまくいかなかったり。文法が生むこの不安は、たぶん私たちの文法力不足だけでなく、ルールというものに本質的にまとわりつく感覚です。

　ならばいっそその不安を思いきり頭からかぶりながら勉強したらいいんじゃないか、という逆転の発想から、本書は生まれました。ノンセンスに溢れた『不思議の国のアリス』こそ、じつは言語や文法を学ぶのに最適な

題材なのではあるまいか。『アリス』には常識や勘（センス）が通用しません。**文法や語法といった言葉のルールに則って読み進めるよりほかにない。それは不安な作業ですが、だからこそ文法力を鍛えるのに適しています。「ノンセンス」で学ぶ「英文法」——それが本書のコンセプトです。**

本書は高校までの英文法を一通り学び、さらなる文法力や読解力の向上を目指す方を読者に想定しています。もっともすべての文法項目を完璧に習得している必要はありません。「分詞構文ってなんだっけ?」というような方でも読み進めながら思い出していただけるように配慮して書かれています。一方、これからどんどん読解力を上げていきたい方には、ヒントがあちこちに見つかるはずです。『アリス』の英語には、一見平易に思えても、噛めば噛んだだけ味が出てくるようなところがある。その辺りにも目を向けていただけるよう、随所で踏み込んだ解説を入れました。

本書が皆さんの学びをばかばかしくも有意義なものにすることを願って——。

勝田 悠紀

目次

はじめに 2　　　　　　　　　　　　　　音声について 7

本書の使い方 6　　　　　　　　　　　　品詞を表す記号 8

ウサギ穴をくだる 9
Down the Rabbit-Hole

第1章のあらすじを確認しよう 10　　　第1章の英文を読んでみよう 16

文法をさらに深める 32

涙の池 33
The Pool of Tears

第2章のあらすじを確認しよう 34　　　第2章の英文を読んでみよう 40

文法をさらに深める 52

コーカス競争と長いお話 53
A Caucus-Race and a Long Tale

第3章のあらすじを確認しよう 54　　　第3章の英文を読んでみよう 60

文法をさらに深める 72

白ウサギ、ビルを送り込む 73
The Rabbit Sends in a Little Bill

第4章のあらすじを確認しよう 74　　　第4章の英文を読んでみよう 80

文法をさらに深める 92

イモムシの助言 93
Advice from a Caterpillar

第5章のあらすじを確認しよう 94　　　第5章の英文を読んでみよう 100

文法をさらに深める 112

ブタとコショウ 113
Pig and Pepper

第6章のあらすじを確認しよう 114　　　第6章の英文を読んでみよう 120

文法をさらに深める 132

第7章 **狂ったお茶会** 133
A Mad Tea-Party

第7章のあらすじを確認しよう 134　　　第7章の英文を読んでみよう 140
文法をさらに深める 152

 第8章 **女王のクロッケー場** 153
The Queen's Croquet-Ground

第8章のあらすじを確認しよう 154　　　第8章の英文を読んでみよう 160
文法をさらに深める 172

 第9章 **海亀もどきのお話** 173
The Mock Turtle's Story

第9章のあらすじを確認しよう 174　　　第9章の英文を読んでみよう 180
文法をさらに深める 192

 第10章 **ロブスターのカドリール** 193
The Lobster-Quadrille

第10章のあらすじを確認しよう 194　　　第10章の英文を読んでみよう 200
文法をさらに深める 212

 第11章 **タルトを盗んだのはだあれ?** 213
Who Stole the Tarts?

第11章のあらすじを確認しよう 214　　　第11章の英文を読んでみよう 220
文法をさらに深める 232

 第12章 **アリスの証言** 233
Alice's Evidence

第12章のあらすじを確認しよう 234　　　第12章の英文を読んでみよう 240
文法をさらに深める 252

読書案内と参考文献 253　　　　　おわりに 254

本書の使い方

◆ まずは各章冒頭の漫画を読み、その章の物語全体をつかんでください。漫画部分のみ通して読めば、『はしゃ作 漫画版・不思議の国のアリス』を楽しむこともできます。漫画の余白には、本編で取り上げる英文がどのあたりのものかを (Story 1) といった記号で示しています。

◆ 漫画の次は英文です。各 Story に付されたリード文でその場面の位置づけを確認したら、英文を読んでみてください。最初は解説や訳文に頼らず、とにかく英文をじっくり見ることをお勧めします。知らない単語や見慣れない用法も、できるだけ自力で調べると力がつきやすいでしょう。そして、文法的・語法的に不明確な箇所はないか、どこの何がわからないのか、なぜこんな表現になっているのかなど、ゆっくり考えてみてください。和訳を作るのもいい勉強にはなりますが、それに気を取られて英文自体への注意が散漫にならないようにしましょう。

◆ それが済んだら解説を読んでみてください。基本的な文法項目から発展的な読みどころまで、注目すべき箇所を解説しています。ここで頭に浮かんでいた疑問が氷解！となればいいですが（それを目指して書きましたが）、疑問が解けない場合、それは貴重な勉強の資源ですから、辞書や文法書で調べたり、うしろまで読んでから戻って考えたりしてみてください。

◆ 語注には難しい単語の注釈と、細かい文法事項の説明を入れています。訳文はできるだけ原文と見比べやすいように作成しました。

◆ 各章末尾のコラム「文法をさらに深める」では、おもしろい表現の紹介とそこから派生した文法談義、および解説で細切れに出てくる文法項目のまとまった解説をしています。あわせて参考にしてください。

音声について

◆ **音声ダウンロードについて**

本書で扱う英文の音声を聞くことができます。 ◁)) 01 などの数字はトラックナンバー（頭出し番号）を表します。

◆ **NHK出版サイトからダウンロードできます。**

まずはこちらへアクセス！

https://nhktext.jp/db-english

QRコードは
株式会社
デンソーウェーブの
登録商標です

※ NHK出版サイトで該当書名を検索して探すこともできます。

本書音声のパスコード　qsu9a2nh

◆ **パソコン・スマホのどちらでもダウンロード可能！**

▸ スマホやタブレットでは、NHK出版が提供する無料の音声再生アプリ「語学プレーヤー」をご利用ください。

▸ パソコンでは、mp3 形式の音声ファイルをzipファイルの形で提供します。

▸ 複数の端末にダウンロードしてご利用いただくことができます。

▸ 一度パスコード登録したコンテンツはサイトから再ダウンロードできます。

※ NHK出版サイトの会員登録が必要です。詳しいご利用方法やご利用規約は、上記webサイトをご覧ください。

※ ご提供方法やサービス内容、ご利用可能期間は変更する場合がございます。あらかじめご了承ください。

┃ **お問い合わせ窓口** ┃

NHK出版デジタルサポートセンター

0570-008-559（直通：03-3534-2356）

10：00～17：30（年末年始を除く）

※ ダウンロードやアプリご利用方法など、購入後のお取扱いに関するサポートを承ります。

品詞を表す記号

名　　　名詞

自動　　自動詞

他動　　他動詞

形　　　形容詞

副　　　副詞

接　　　接続詞

前　　　前置詞

助　　　助動詞

間　　　間投詞

第1章

ウサギ穴をくだる

Down the Rabbit-Hole

◆

『不思議の国のアリス』は、1865年にイギリスで出版された小説です。書いたのはルイス・キャロル（本名チャールズ・ラトウィッジ・ドジソン）、なんと大学で教鞭を取る数学の先生でした。同僚の娘の三姉妹と川に小舟をすべらせながら、ちょっとした作り話を語って聴かせたのがそもそもの始まり。一番のお気に入りだった次女アリス・リデルをモデルに、キャロルは子どもたちを喜ばせようと、物語の続きを書き溜めていきます。そうして生まれたのがこの『不思議の国のアリス』。奇抜な生き物、冒険、頓知、ありとあらゆる要素を詰め込んだ不思議な世界の誕生です。今回はその幕開け。姉の横で退屈しているとしゃべるウサギが目に飛び込んできて…?

ものみな金色にかがやく昼下がり
われらの舟ときたらのんびりもいいところ

オール二本はおぼつかない手に委ねられ
行き先示すはガイド気取りの小さな手

こんな夢見心地のたまゆらに
残酷な三姉妹はお話をせがむ

子どもら話に引きずりこまれ
夢の子のあとを追いかける

こうして不思議の国のお話がふくらんだ
ゆっくりと、ひとつひとつ

おかしなできごとがつくりだされた

☞ p.20 | Story 2

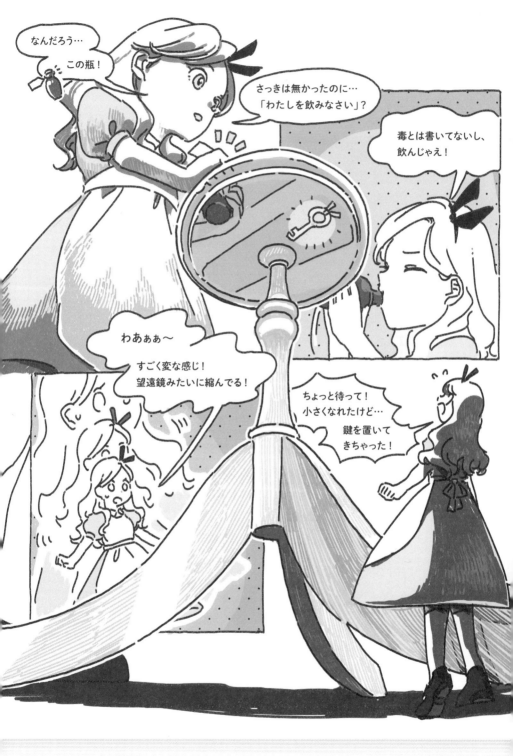

☞ p.26 ｜ Story 3

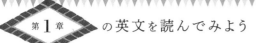

・ Story 1 ・　　　　　　　　　　　　　　　ᐧ)) 01

物語の冒頭

Alice ①was beginning to get very *tired of sitting *by her sister on the bank, and of having ②nothing to do: once or twice she ③had *peeped into the book her sister was reading, but it had no pictures or conversations in it, ④"and what is the use of a book," thought Alice, "without pictures or conversations?"

語注

tired 形 後続する前置詞によって意味が変わる。tired from なら「疲れた」（他に by, with も可）、tired of なら「飽き飽きした、うんざりした」。

by 前《場所を表して》…のそばで

peep 自動（…を）こっそり覗く（at, into）

解説講義

①/③ アスペクト（相）に気をつけて読んでみよう 時制

　　冒頭から**進行相**の文で始まっています（アスペクトについての詳しい解説は ☞ p.92）。進行相は動作や変化（「飽き始める」）の途中であることを示す相。Alice began...と始まるのに比べて事の渦中に放り込まれたような印象があり、少し前から「飽き始め」つつあったということから**アリスのうんざり感も読み取れます**。

　　他方、**完了相**（had peeped）は動作が終わった後の状態であることを示します。アリスはこれ以前に1、2度、すでにお姉さんの本を覗き込んでいたのです。

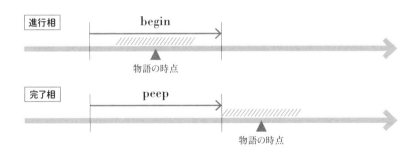

② nothing to do：to不定詞の形容詞的用法 〔不定詞〕

to doはto不定詞の形容詞的用法。「すること」が「何もない」とnothing
にかかります。修飾を受ける名詞がto不定詞の動詞の目的語にあたる場合、こ
のように動詞の後には目的語を置きません。

④ without pictures or conversationsはどこにかかる？ 〔構文〕

without pictures or conversationsはa bookを修飾しており、「挿絵や会
話のない本」ということです。間に挟まっているthought Aliceは、この言葉を
心に浮かべたのがアリスであることを早めに示すために置かれています。

【日本語訳】

　　アリスは、川岸でお姉さんのそばに座って、何もすることがないことに、ひどく退屈し始
めたところでした。一、二度、お姉さんが読んでいる本を覗き込みましたが、挿絵も会話
もないので、「挿絵も会話もない本が何の役に立つんだろう?」と、アリスは思いました。

Story 1のつづき
🔊 02

So she was considering in her own mind ①② (as well as she could, *for the hot day made her feel very sleepy and stupid), whether the pleasure of making a *daisy-chain would ③be worth the trouble of getting up and picking the daisies, ④when suddenly a White Rabbit with pink eyes ran close by her.

語注

for 接 補足的に〈理由〉を表す《主節の後で、コンマで区切られて用いられることが多い》

daisy-chain 名 デイジーの花輪

解説講義

① as well as she could／語り手の「ツッコミ」 構文

〈as 形／副 as S can [could] do〉は「できる限り…に」。couldの後はconsiderが省略されており、「できる限りはっきりと考えようとした」ということです。

このas well as以下を括弧の中に入れているのは、語り手がアリスを少し離れたところから皮肉な目で見ているため。本人は「考えて」いるつもりでも実際には「うとうとしていた」んだけど、と軽くツッコミを入れているわけです。**語り手によるこのようなツッコミ、揶揄の括弧は、本書全体に見られます。**

② sleepy and stupidの[s]の音 <small>韻律</small>

sleepyは「眠い」、それと並べられているstupidは(「愚かな」ではなく)「ぼんやりして」。要するに似た意味なのですが、この2つの単語が頭の[s]の音で韻を踏んでいること(頭韻(alliteration)と言います)に注意してください。音の効果は一概には言えず文脈に左右されるものですが、ここでは**[s]の静けさが、眠気で意識が遠のいていくような感覚を醸しています。**

③ be worth the troubleの意味は? <small>語法</small>

〈be worth O〉で「…に値する、…の価値がある」、troubleは「骨折り、苦労」で、全体としては「花輪を作る喜びは、立ち上がってデイジーを摘んでくる苦労に見合うのか」、つまり「花輪を作るのって、わざわざ立ち上がってデイジーを摘んでくるほど楽しいものだろうか」ということになります。なんだかまどろっこしい損得勘定ですが、**まさにこのまどろっこしさがぼーっとしているアリスの頭の状態と対応しています。**

④ 接続詞whenの訳し方 <small>+α</small>

接続詞のwhenというとつい「…の時に～した」と遡って訳してしまいがちですが、**実際には書かれている順番で訳した方がよいことがしばしばです。**特に、書かれている順序と、「アリスは考えていた、そこに突然白ウサギが現れた」というように出来事の順序が一致しているときはそうすべき。これを「白ウサギが突然現れたとき、アリスは考えていた」と訳してしまうと、白ウサギ出現の驚きが感じられなくなり焦点がボケてしまいます。

【日本語訳】

それでアリスは、頭の中で考えていました(できる限りはっきりと。というのも暑い日だったので、すごく眠くなりぼーっとしていたのです)。デイジーの花輪を作るのは楽しいだろうけど、わざわざ立ち上がってデイジーを摘んでくるほどだろうか。とそのとき突然、赤い目をした白ウサギが、彼女のそばを走っていきました。

・ Story 2 ・　　　　　　　　　　　　　　　　🔊 03

白ウサギを追って、アリスはウサギ穴を落ちていく。

"Well!" ①<u>thought Alice to herself,</u> "After such a ②<u>fall</u> as this, I *shall *think nothing of *tumbling downstairs! How brave ③<u>they'll</u> all think me at home! *Why, ④<u>I wouldn't say anything about it, even if I fell off the top of the house!</u>" (⑤<u>Which</u> was very likely true.)

語注 ┈┈┈

shall ［助］イギリス英語で1人称主語と共に用いられ、willと同様〈未来〉や〈意志〉を表す。

think nothing of ［他動］…を何とも思わない、平気で…する

tumble ［自動］転がり落ちる

Why ［間］驚きや熟慮などを表す。「なぜ」の意味はない。

解説講義

① to herself：一人二役で会話するアリス 　語法

　　think to oneselfは「心の中で思う」を意味する決まった表現。しかしここではむしろ「自分に対して思う」という字義通りの意味が生きていて、**一人二役で自分と会話するアリス独特の癖が表現されています**。

② fallの品詞は？ 　品詞

　　fallというと普通は動詞（「落ちる」）ですが、直前に不定冠詞 a がついているので、**このfallは名詞です**（このように品詞の判定は根拠を持ってすることが大切）。walk、swim、kickなど、短い単純な動詞には、そのまま名詞としても使われる語

20

が多く、calculateのような複雑な動詞の場合は、calculationのように -ion を
くっつけて名詞化するのがひとつのパターンです。**動詞とその名詞形はセットで
チェック！**

③ theyは何を指す？ 指示語

　文中で直接は示されませんが、at homeがあることから、「家の人」、「家族」
を指すのだとわかります。なお、ここのthinkは〈think O C〉（OをCだと思う）と
いう使い方。Cにあたるのは感嘆文のhowとともに文頭に出ているbraveです。

④ 仮定法過去 仮定法

　主節にwouldがあり、if節内は過去形なので、仮定法過去の一文。現実に
は起こらないという想定で語っている（反実仮想）ことがポイントで、ここでもアリスは
（少なくとも本人としては）家の屋根から飛び降りる気はありません。この文はアリ
スの「勇敢」さを示す一種の程度表現として機能しています（「屋根から落ちても
なんとも言わないくらい勇敢だ」！）。このように**仮定法は、事実上、前後で言わ
れていることの比喩や程度表現として使われることが少なくありません。**

⑤ 文を先行詞にとるwhich 関係詞

　直前の文全体を先行詞にとる関係代名詞のwhichで、「屋根から落ちてもな
にも言わないというのはいかにもそうなりそうだ（なぜなら屋根から落ちたら口がきけ
ないはずだから）」とからかっています。This was... としても内容的には同じこと、
というか、文が分かれているのでその方が自然なくらいですが、あえてwhichでつ
なぐことで**アリスの言葉にその場でツッコミを入れる感じ**が演出されています。

【日本語訳】

　「そうだ！」と、アリスは心の内で思いました。「一度こんなふうに落っこちたんだから、
階段を転がり落ちるのだってもうへっちゃら！ 家のみんな、私のことをものすごく勇敢だっ
て思うだろうな！ もちろん、家の屋根の上から落ちたって、私はなんにも言わないんだから！」
（それはそうに違いありません。）

🔊 04

Down, down, down. ①Would the fall *never* come to an end? "②I wonder how many miles I've fallen by this time?" she said aloud. "I *must be getting somewhere near the centre of the earth. Let me see ③: *that would be four thousand miles down, I think——"

語注 ....

must 助 …に違いない [☞ p.101]

that would be　現在の〈推量〉を表す would。地表から地球の中心までの距離について、確信が持てないので would を使っている [☞ p.252]。

解説講義

① 自由間接話法とは？ 語法

　Would the fall *never* come to an end? はアリスの心内発話を地の文のなかで表現する、いわゆる自由間接話法です。

　She asked herself, "Will the fall *never* come to an end?"（直接話法）

　She asked herself if the fall would *never* come to an end.（間接話法）

　Would the fall *never* come to an end?（自由間接話法）

　※「自由」は伝達節（she asked herself）が伴わないことを指す用語

　3つ目の文は時制を見ると間接話法ですが、語順は直接話法のままになっている

ことがわかります。自由間接話法は見かけ上は語り手の言葉と区別がつかないことが多いですが（ここでも語り手自身の疑問と取れないこともない）、**登場人物の発話を語り手の声に溶け込ませるその曖昧さ自体にポイントがあります。**

② 〈wonder＋疑問詞〉の用法 語法

wonderは、that節を続ければ「…に驚く」、whatやhowなどの疑問詞節を続ければ「…かしら（と思う）」という意味。後者の場合、wonder自体にあまり強い意味はなく、疑問文ではっきり尋ねるほどではないがとりあえず疑問を相手と共有したいというときに便利な表現です。

③ コロン（：）の用法 語法

コロン（：）とセミコロン（；）。見た目に大きな違いはありませんが、似て非なる記号です。コロンは例示や付加的な情報を導くときに用いられ、「すなわち」のような明確な意味を持つ記号。対してセミコロンは、コンマ以上ピリオド以下の切れ目と言われ、強めの区切りを入れたいときに使います。ただし、後を読んでいくと分かる通り、キャロルのコロン、セミコロンの使い方は必ずしもこの通りのようになっていません。本書に限っては、上記の使い分けを意識しつつも、柔軟に読んでいってください。

【日本語訳】

　　下へ、下へ、下へ。これってどこまでも終わらないのかしら。「ここまでで何マイル落ちたんだろう」とアリスは声に出して言いました。「地球の真ん中のそばまで来てるに違いない。ええと、四千マイルは落ちてるんじゃないかしら ─」

Story 2のつづき　　　　　　　　　　　　　　　　　◁)) 05

(for, you see, Alice ①had learnt several things of this sort in her lessons in the school-room, and though this was not a ②very good opportunity for *showing off her knowledge, ③as there was no one to listen to her, *still it was good practice to *say it over) "── yes, that's ④about the right distance── but then I wonder what *Latitude or *Longitude ⑤I've got to?" (Alice had not the *slightest idea what Latitude was, or Longitude *either, but thought they were nice grand words to say.)

語注 ···

show off 他動 見せびらかす　　still 副 それでも　　say over 他動 繰り返し言う
Latitude 名 緯度／Longitude 名 経度 ※いかにも学校で習いそうな難しい単語であることに注意。
slight 形 わずかな《not the slightest で「少しも…ない」という強調的な表現になる》
either 副《否定の文脈で》…もまた《肯定の文脈では too を使う》

解説講義

①／⑤ 完了相に注意 アスペクト

　完了相が2箇所出てきています。p.16の解説を思い出して、何が表現されているか考えてみてください。

　（a）Alice had learnt several things of this sort …

　（b）what Latitude or Longitude I've got to

（a）は「授業で習った」結果として、いまひけらかしたい知識を持っていること、（b）は「たどりつく」という変化が終わった結果として、「いま何らかの経度及び緯度の場所にいる」ことを表しています。

② *very*：斜字体の機能 語法

　このように特定の語を斜字体（イタリクス）にする場合、**通常その語を強調することが意図されています**。したがって音読する際にはそこを強めて読む必要があります。

③ 〈理由〉を表すas 語法

　〈理由〉を表す接続詞のasはbecauseと比べると意味が弱く、既知の情報を提示する場合に用います。今回のケースであれば、「アリスの言葉を聞いている人がいない」ことは、読者もすでに分かっています。

④ このaboutの意味は？ 語法

　見かけ上は、「…について」（前置詞）と「だいたい」（副詞）、どちらの可能性もありますが、文脈から後者だと分かります。

【日本語訳】

　（というのも、なにしろ、アリスは学校の授業でこうしたことを色々習っていたのです。いまは聞いてくれる人がいないので、知識をひけらかすのにあまりいい機会ではありませんでしたが、それでもおさらいするのはいい訓練になります）「——そうだ、大体それくらいの距離だ——でもそれなら、いま私がいる緯度や経度はどれくらいになるんだろう？」（アリスは緯度が何かも経度が何かも分かっていませんでしたが、口にするには威厳のあるすばらしい言葉だと思ったのです。）

小さいドアを通って庭に出るため、不思議な飲料で体を縮めたアリスだが、
ドアを開くための鍵をテーブルの上に置いたままであることに気づき悲嘆に暮れている。

"*Come, *there's no use in crying like that!"
*said Alice to herself rather sharply. "①I advise
you to *leave off *this minute!" ①She *generally
gave herself very good advice, (though she very
seldom followed it), and sometimes she scolded
herself *so *severely as to *bring tears into her
eyes;

語注

Come 《間投詞的に》さあ、おい

there is no use (in) doing = it is no use doing …してもムダだ、役に立たない

say to oneself 他動 心の中で言う、ひとりごとを言う

leave off 自動 やめる、中断する

this minute 《副詞的に》この瞬間、今すぐ

generally 副 おおむね、たいてい(< general 形)

so 形・副 as to do とても…なので～する、～するほどに…

severely 副 厳しく、厳格に(< severe 形)

bring tears into [to] one's eyes 涙を催す、浮かべる

26

解説講義

① 代名詞と再帰代名詞 `代名詞`

oneself（状況に応じて myself, yourself, themselves など形を変える）は再帰代名詞と呼ばれ、主語と目的語や補語が同一（人）物であるとき、すなわち動作が自分自身に向かうときに使われます（例えば「彼女は自分を殴った」と言いたい場合、She boxed herself. と表現する。She boxed her. だと、She と her は別人物だということになります［詳しくは ☞ p.112］）。

語り手曰くアリスは「たいてい自分にとてもよいアドバイスを与える」のだそうですが、アリス自身の発話の中では I advise you となっていることに注意してください。実際にはアリスは自分自身にアドバイスしている、すなわち I advise myself であるところで、**自分を「あなた」と呼ぶあたりに、アリスの「一人二役癖」がよく表れています**［☞ p.29 ③］。

【日本語訳】

「さあ、そんなふうに泣いたって何の役にも立たないぞ！」アリスは心の中で、ぴしゃりと言いました。「いますぐやめなさい！」アリスはたいてい自分にとてもいい忠告をしました（めったに従いはしませんでしたが）。そして時には、自分をとても厳しく叱るので、目に涙が浮かんでしまうこともありました。

Story 3のつづき　　　　　　　　　　　　🔊 07

and ① once she remembered trying to *box her own ears for having *cheated herself in a game of *croquet she was playing against herself, for this ② curious child was very fond of *pretending to be two people. "But it's no use now," thought poor Alice, "to pretend to be two people! *Why, ③ there's hardly enough of me left to make one respectable person!"

語注

box ［他動］…の横っ面を打つ、…を殴る ※「ボクシング」もここから。次の段落でアリスが発見するboxはもちろん「箱」のこと。boxの多義性を生かしたちょっとしたジョークになっている。

cheat ［他動］…を騙す

croquet ［krouké ɪ / króukeɪ］［名］クロッケー《イギリス発祥の球技》[☞ p.160]

pretend to do ［他動］…するふりをする、…ごっこをする

解説講義

① onceはどこにかかる？ 構文

　冒頭のonceは一見、「一旦…して」という意味の接続詞の用法に思えるかもしれませんが、once she remembered以下をonce節と取ると、主節が見つからなくなります。そこから逆算すると、onceは「かつて、一度」という意味の副詞だということが判明します。「かつて…を思い出した」では変なので、「かつて自分

の耳を殴ろうとしたことがあった」とかかります。

once she remembered trying to box her own ears for having cheated herself
　　　　　　　　　　　　　　　　　　V　　O　　　　　　　理由
時　　S　　　　　V　　　　　　　　　O

in a game of croquet (which) she was playing against herself

② curiousの2つの意味 　語法

　「（ある対象が）不思議な、おかしな」と「（主体が…に）興味を抱いている」
と2通りの意味があり、ここは前者。先述の括弧と同様、語り手の目線からアリスは
「おかしな少女」だとコメントしているわけです。

③ 文構造に注意 　構文

　there's hardlyのhardlyは通常「ほとんど…ない」ですが、婉曲的に皮肉
を込めて「とても…ではない」という意味になることがあり、ここではその用法。left
はenough of meにかかり、enoughとto make...が呼応して、直訳すれば「ちゃ
んとした人間一人を成すのに十分な量の私も残っていない」となります。つまりme
が量的にとらえられ、縮んでしまった「私」では、「二人のふりをする」どころか、「一
人」にも足りない、と言っているわけです。**意味内容があまりにも常識に反してい
るので難しいところですが、こういうときこそ文法や語法に忠実に考えていくこと
が大事です。常識外の内容が言語上のルールも無視して表現されたのでは
母語話者であろうとチンプンカンプンなはず。内容が荒唐無稽であればある
ほど、言語のルールは守られているはずなのです。**

【日本語訳】

　一度は自分とのクロッケーの試合で自分を騙したからといって、自分の耳を引っ叩こうとした
ことも覚えています。なぜならこのおかしな子は、二人の人間のふりをするのがとても好きだっ
たのです。「でも今は」とかわいそうなアリスは考えました。「二人の役をしたって仕方がな
い! だって、一人のまともな人間を作るにも足りないんだから!」

| Story 3のつづき | 🔊 08 |

Soon her eye fell on a little glass box that ① was lying under the table: she opened it, and found in it ② a very small cake, on which the words "EAT ME" were beautifully marked *in currants. "Well, I'll eat it," said Alice, "and ③ if it makes me grow larger, I can reach the key; and if it makes me grow smaller, I can creep under the door: so ③ either way I'll get into the garden, and I don't care which happens!"

語注 ....

in currants 〈手段〉の表現として、with は〈道具〉、in は〈素材〉を表すと区別される。
currant は「小粒の種なし干しぶどう」（ケーキなどに用いられる）。

解説講義

① was lying：状態動詞 の進行形 <u>時制</u>

　lieは「…が〜にある」という意味の状態動詞。状態動詞を進行形にすると、その状態が一時的であるというニュアンスが出ます。

　家や山などと違い、主語（先行詞）のa little glass boxは移動可能なもの。しかもついさっきまでなかったはずのものですから、このガラスの箱が「テーブルの下にある」というのは一時的なことなのです。

② on which：〈前置詞＋関係代名詞〉 <u>関係詞</u>

　〈前置詞＋関係代名詞〉の手早い読み方は、先行詞（a very small cake）をwhichに代入した上で、前置詞（on）から読むというもの。

a very small cake / <u>on the very small cake</u> the words "EAT ME" were beautifully marked in currants

この場合は「その小さなケーキ上に、EAT MEという言葉が干しぶどうで美しく書かれていた」とつながります。この構文の詳しい仕組みの解説は、p.67③で。

③ 対句的な構文／either way <u>語法</u>

　大きくなれば鍵に手が届くようになるし、小さくなればドアの下をくぐり抜けることができる（if ... larger, I can ... ; and if ... smaller, I can ...）。まずはこの対句的な構文に注目してください。**やけに形式ばった理屈を駆使するのがアリスのおもしろいところです。**

　either wayは「どちらにせよ」という意味で、この両方の可能性を指しています。

【日本語訳】

　すると、テーブルの下にある小さなガラスの箱に目が留まりました。箱を開けると、中にはとても小さなケーキがあり、「私を食べて」という言葉が干しぶどうで美しく書かれていました。「じゃあ、食べてみよう」とアリスは言いました。「もしこれで大きくなったら、鍵に手が届く。もし小さくなったら、ドアの下をくぐることができる。どっちにしても庭に出られるし、どっちだって気にしない！」

文法をさらに深める

"Do cats eat bats? Do cats eat bats?" and sometimes, "Do bats eat cats?"

ウサギ穴を落下中、愛猫を思い出すアリスの頭に浮かぶ疑問——「ネコはコウモリを食べるのか？」これを寝ぼけたアリスは、「コウモリはネコを食べるのか？」と言い間違えてしまいます。

Do cats eat bats?

Do bats eat cats?

目的語を伴う動詞（**他動詞**）の場合、動詞の前に主語、後に目的語を置くのがルール。アリスはこの主語と目的語を入れ替えてしまったのです。ここで単語の形には一切変化がないことに注意してください。違いはcatsとbatsの配置のみです。

そんなのは当たり前だと思われるかもしれませんが、日本語だとそうはなりません。

ネコはコウモリを食べるか？

コウモリをネコは食べるか？

ネコとコウモリの配置が入れ替わっても、両者はおおむね同じ意味です。

なぜこのような差が出るのでしょう。それは名詞の後につく助詞（は、を）が、名詞の文中での働きを示してくれるから。その分、語順は自由でいいわけです。

英語の名詞には、文中での働きを見た目で示す変化（屈折）がありません。そのため語順のルールは厳密である必要があります。他方、少なからぬヨーロッパ語には、さらには12世紀以前の古英語にさえ、豊富な名詞の格変化があり（古英語やドイツ語は4通り、ラテン語やロシア語なら6通り）、それに比例して語順の自由度は高くなる傾向にあります。日本語も、名詞自体の変化ではなく格助詞が用いられるという違いはあるものの、こちらに近い言語なのです。

屈折の量と語順の制約度はトレードオフの関係にある。英語は屈折が少ないため語順には制約が多い。こうした法則や特徴を押さえておくと、何かと役立つかもしれません。

第2章

涙の池

The Pool of Tears

◆

　白ウサギを追って穴をくだり、壁一面
扉だらけの大広間に迷い込んでしまっ
たアリス。とても小さな扉の先に、き
れいな庭を見つけます。不思議な飲
み物で望遠鏡のように体を縮め、い
ざ庭へ！と思ったら、テーブルの上に
鍵を置き忘れていることに気づいて
大あわて。「泣いても意味ないわ。
今すぐ泣き止みなさい」と自分をしか
りつけ、気を取り直してあたりを見ま
わすと、「わたしを食べて」と書かれ
たケーキを発見します。大きくなれば
鍵を取れる、小さくなったら扉の下を
すり抜ければいいと、パクリ…！

☞ p.40 | Story 4

☞ p.48 | Story 6

Story 4 　　　　　　　　　　　　　　　◁)) 09

ケーキを食べたアリスの体はぐんぐん伸びていく。

"*Curiouser and curiouser!" cried Alice (she was
①so much surprised, that *for the moment she
②quite forgot how to speak ②good English).
"Now I'm *opening out like the largest
*telescope ③that ever was! Good-bye, feet!" (for
when she looked down at her feet, they seemed to
be almost *out of sight, they were *getting so far
*off).

語注 ……………………………………………………………………………

Curiouser and curiouser! [☞p.52]

for the moment　その一瞬の間は

open out　[自動] 開く、伸びる

telescope　[名] 望遠鏡

out of sight　目に見えないところに（sightは「見える範囲」）

get　[自動] （＋場所・方向の副詞句）行く、移動する

off　[副] 離れて、遠くに（＝away） ※far は off の程度の大きさを示している（「ずっと、はるかに」）。
so far（「ここまでは」）という成句ではないことに注意。

解説講義

① so that 構文に注意 **構文**

〈so 形／副 + that 節〉で「とても…なので〜」。いわゆるso that構文です。一般にsurprisedの後に続くthat節は「何に驚いたか」を表すことが多いですが、ここではそう考えるとsoが宙ぶらりんになってしまうことから判断できます。なお、surprisedの後にあるコンマは通常不要。

② quite、good：基本的な単語こそ慎重に **語法**

誰でも知っている単語ですが、ここでの意味を答えろと言われると意外に手こずるのではないでしょうか。quiteは、forgetのような段階のない語を修飾する場合、「まあまあ」や「かなり」ではなく「完全に」（＝completely）。goodはEnglishを修飾しているので「（ことばが）正しい」（＝correct）の意味。基本的な単語ほど用法が多様で難しいもの。気を付けて読みたいところです。

③ that ever wasの役割は？ **関係詞**

the largest telescopeを修飾する関係詞節で、それがどのような望遠鏡と比べて「最も大きい」のか、比較される「望遠鏡」の**範囲**を示しています。なお、先行詞が最上級の場合、関係代名詞はwhichよりもthatが好まれます。

was（＜be）はこのように単独で用いられた場合、「存在する」という意味（＝exist）。everは「かつて（存在したなかで一番の）」という形で最上級を強める働きをし、関係詞を使わずにthe largest telescope everのように言うことも可能です。

【日本語訳】

「どんどんおかしくなっていく！」とアリスは大声で言いました（彼女はあまりにびっくりしていたので、ちゃんとした英語のしゃべり方をすっかり忘れてしまったのです）。「今度は体が伸びている。この世で一番大きな望遠鏡みたい！ さようなら、足さん！」（というのも、足の方を見下ろしてみると、ほとんど見えなくなっていて、足がずっと遠くへ行ってしまうところだったのです）。

| Story 4のつづき | ◁)) 10 |

"Oh, ①my poor *little feet, I *wonder who will *put on your shoes and stockings for ①you now, dears? I'm sure *I shan't be able! I shall be ②*a great deal too far off to *trouble myself about you: you must *manage *the best way you can —— but I must be kind to ①them," thought Alice, "*or perhaps they won't *walk the way I want to go! *Let me see. I'll give them a new pair of boots every Christmas."

語注 ....

little 形《価値判断の形容詞+littleで》かわいそうな、愛らしい ※通常この用法では物理的に「小さい」という意味は乏しいが、ここでは足が遠くに離れて実際「小さく」見えている。

wonder〔☞ p.23 ②〕

put on 他動 履く、着る（⇄take off）

*I shan't〔=shall not〕be able（to put on your shoes and stockings for you）Iの斜字体は「（他の人がやるならともかく）私には無理」ということを強調。

a great deal《副詞的に》程度の大きさを示す（=a good deal〔☞ p.46〕）。

trouble 他動 …をわずらわせる、…の気を揉ませる ※ここではmyselfを目的語に取り、「私自身があなたの面倒を見る」というニュアンス。

manage 自動 どうにかする　　the ... way S does Sが～する…なやり方で

or 接 さもなくば　　walk 他動 …を歩く　　Let me see えーと、はて

解説講義

① アリスの自分の足の呼び名が、my poor little feet、you、themと変化していきます。なぜでしょうか？ +α

　アリスは体が伸びてどんどん遠ざかっていく自分の足をmy poor little feetやyouと呼んでいます。これはアリスの独り言癖の変化形とも、足が遠く離れすぎて「私」とは思えなくなってしまったことの表れとも考えられるでしょう。しかし後半になって代名詞がthey/themに変わってしまうと、**自分の足はもはや他人同然**。それゆえアリスは足のご機嫌を取ろうと、クリスマスプレゼントを思案するわけです。ちなみに、どれだけ体が大きくなろうと等倍なら足が遠ざかることはないはず。だとすると、アリスの体はどのような形になっているのでしょうか……？

② 〈too ... to do〉構文に注意 構文

　〈too 形／副 to do〉は、「あまりに…なので～できない」という意味の表現。ここではtooをa great dealが強めており、「あまりにあなた［＝足］から遠く離れているので、あなたの面倒を見てあげることができない」ということです。

【日本語訳】

「私のかわいそうな足さん、これから誰があなたに靴や靴下を履かせてあげるんでしょう。私にはぜったい無理！ 私はあまりに遠くに来ちゃって、あなたの面倒なんて見られないから。自分でできるようにしっかりやらなきゃだめよ ── でも足さんたちには親切にしなきゃ」とアリスは考えました。「そうしないときっと、私が行きたい方に歩いてくれなくなっちゃう！ そうねえ、毎年クリスマスに新しい靴をあげましょう」

Story 5 🔊 11

ウサギが落とした扇子であおいだことにより、アリスの体が今度は小さくなってしまう。

As she said this she looked down at her hands, and was surprised to see that she ①had put on one of the Rabbit's little white *kid-gloves while she was talking. "②How *can* I have done that?" she thought. "I *must be *growing small again." She got up and went to the table to *measure herself *by it, and found that, ③as nearly as she could guess, she was now about two feet high, and was *going on *shrinking rapidly:

語注 ....

kid-glove 名 キッドレザー（子ヤギ革）製の手袋

must 助 …に違いない

grow 自動 単体では「大きくなる」ことを意味するが、形容詞の補語を伴って「…になる」を意味する用法（＝become）もあるため、grow smallという表現も問題なく成り立つ。

measure 他動 …を測る

by 前〈手段・基準〉を表す。

go on doing 動 …し続ける

shrink 自動 縮む

解説講義

① had put on：完了相の効果 時制

had put onの完了相は、「着用する」という行為が終了した結果として、すでに手袋が手にはまっている状態にあることを表しています。着用の過程が描かれず、手袋が小さすぎたところからひとっ飛びで手にはまっているからこそ、それに気づいたときの「驚き」があるわけで、完了相の特性がよく生かされた表現だと言えます。

② How *can* I have done that? 語法

canを伴うhow疑問文は、しばしば驚きや当惑を表します。ここではcanを斜字体にすることでその感情が強められています。

なお、thatは（知らぬ間に）手袋をはめたことを指しています。have doneの完了形は①のhad put onと同じで、手袋をはめるという動作がすでに終わっていることを表しています。

③ as nearly as she could guessの意味は？ 構文

nearlyは「（正確さなどについて）ひじょうに近い」ことを表す副詞。〈as ... as S can do〉で「できる限り…」の構文ですから、「できる限り正確に推測してみるに」ということになります。そうして「推測」した値が2フィート。1フィート約30センチですから、2フィートはおおよそ60センチです。

【日本語訳】

　　アリスはこう言いながら手に視線を落とすと、驚いたことに、話しているうちにウサギの小さなキッド革の白手袋を片方はめてしまっていました。「いったいどうしてこんなことができたんだろう?」とアリスは思いました。「きっとまた小さくなっているんだ」アリスは立ち上がってテーブルのところへ行き、テーブルで身長を測ってみました。すると、推測できる限りでは2フィートくらいになっており、すごい速度で縮み続けていました。

①she soon found out that the cause of this was the fan she was holding, and ②she dropped it hastily, just in time to save herself from shrinking away altogether.

"That was a *narrow escape!" said Alice, *a good deal frightened at the sudden change, but very ③glad to find herself still in existence.

語注 ……………………………………………………………………

narrow 形 ぎりぎりの ※escape（「回避」）と共によく用いられる。

a good deal 《副詞的に》程度の大きさを示す（= a great deal [☞p.42]）

解説講義

① 文構造に注意／状態動詞の進行形 構文

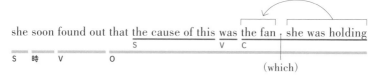

she soon found out that the cause of this was the fan she was holding

（which）

　動詞が3つもありやや複雑ですが、（which）she was holding が the fan を先行詞とする関係代名詞節であることに気づけば、だいぶ分かりやすくなるでしょう。hold は状態動詞ですから she held でも「握っていた」という意味になりますが、p.31で解説した通り、進行形にすることでその状態が一時的なものであることを示しています。

② to avoidの用法は？／shrink awayの意味は？ **不定詞** **語法**

（just）in time は「（ちょうど）間に合って」。実際に間に合ったわけですから、**to saveはto不定詞の「結果」用法になります。**

shrink awayは「縮んで消えてしまう」という意味。ふつう物が縮んでも（shrink）そのまま消えて無くなる（away）ことはないので奇妙な組み合わせですが、そこを逆手に取った意外性のある表現です。この2語のシンプルな組み合わせから、自分がどんどん小さくなってそのまま消えてしまうことを心配するアリスの想像力の可笑しさを読み取ってください。

③ 〈原因〉を表すto不定詞／〈find O C〉の用法 **不定詞** **構文**

〈glad＋to不定詞〉は、この段落の冒頭で出てきた〈surprised＋to不定詞〉[☞ p.44]と似た形で、**to不定詞の部分は「嬉しい／驚いた」理由・原因を示しています。**

その後の**find O（herself）C（in existence）は、「自分がCであることに気づく」という構文**[再帰代名詞については ☞ p.27]。glad that she was still in existenceでもおおむね同じことですが、あえて比較してみると、自分自身を対象としたfindという心の動きが入ることで、自分が消えて無くなっていないことをどこか他人事のように観察している様子が読み取れます。この〈find O C〉はぜひ押さえてほしい形で、会話や作文でも使い所の多い表現です。

【日本語訳】

アリスはすぐに、その原因が手に持っている扇子だと気づき、慌てて落として、なんとか消えて無くなってしまわずに済みました。

「危ないところだった！」とアリスは言いました。突然の変化は恐ろしかったけれど、自分がまだ存在していることを知って本当に嬉しくなりました。

Story 6　◁)) 13

自分が流した涙の池で泳ぎ回るうち、アリスは1匹のネズミと出会う。

"①Would it be of any use, now," thought Alice, "to *speak to this mouse? Everything is so *out-of-the-way ②down here, that I *should think very *likely it can talk: *at any rate, *there's no harm in trying." So she began: "O Mouse, do you know the way out of this pool? I am very tired of swimming *about here, O Mouse!"

語注

speak to 他動 …に話しかける

out-of-the-way 形 おかしな、風変わりな《ハイフンについては［☞ p.165 ③］》※ so that 構文にも注意。

should 助《1人称で、thinkなどと共に用いて》控えめな意見、丁寧さを表す。

likely 副 ありえる、可能性が高い ※「ネズミがしゃべれる」可能性の高さを示す。

at any rate とにかく、少なくとも

there is no harm in trying 試すことに損はない ➡ やるだけやってみよう

about here この辺りを《この場合のhereは名詞的》

解説講義

① be of any use／if節以外で条件が示される仮定法 仮定法 語法

be of ... useは「**役に立つ**」という意味で、useの前に入る語次第で、「とても役に立」ったり（be of much use）、「全く役に立たな」かったり（be of no use）します。ここでは疑問文でanyが用いられているので、「少しでも役に立つのか？」というニュアンスです。

「このネズミに話しかけたら役に立つのだろうか」というのは今の話ですから、wouldは過去を表しているのではありません。このようなwouldは仮定法 [☞ p.252]。if節はありませんが、形式主語itと呼応する意味上の主語の to speak to this mouse が条件を表していると考えると分かりやすいでしょう。仮定法過去には、完全な反実仮想の場合と、ただの仮定の場合とがあり、ここは後者にあたります。**しかしその場合でも「実現可能性が低いはずだ」という心理的な構えは残る**ことがポイント。「仮に話しかけたとしたら」という感じで、普通はネズミと会話しようとするなんてありえないという前提の上で思考が展開しているのです（実際には話しかけてしまうわけですが）。

② down here：場所を表す副詞 語法

hereだけでも言いたいことは問題なく伝わるのですが、downを入れることで穴を落ちてきてここにいるという空間的な把握がより明確に示されています。このように場所を表す副詞を2つ重ねる表現はよく出てきますので、気にしてみてください。

【日本語訳】

「このネズミに話しかけたら」とアリスは思いました。「どうにかなるのかしら。ここでは何もかもが変だから、あのネズミがしゃべれたっておかしくなさそう。とにかく試して損はない」そういうわけで、アリスは口を開きました。「ネズミよ、この池からどうやったら出られるか知っていますか。私、ここをあちこち泳ぎ回るのは疲れちゃったの、ネズミよ！」

Story 6のつづき　🔊)) 14

（Alice thought this must be the right way of speaking to a mouse: she had never done such a thing before, but she ①<u>remembered having seen</u> in her brother's *Latin Grammar, "②<u>A mouse —— of a mouse —— to a mouse —— a mouse —— O mouse!</u>"） The Mouse looked at her rather *inquisitively, and seemed to her to wink with one of its little eyes, but it said nothing.

──────────────

語注

Latin Grammar 名 ラテン語の文法書
inquisitively 副 詮索するように、いかにも知りたそうに（< inquisitive 形）

解説講義

① having seen：一段階過去を表す完了形の機能 時制

　seeが「覚えている」現在よりも前に起こったことを示すのがhaving seenの機能。このように話題になっている時点よりも一段階前の時間を指示する完了形の機能は、大過去 [☞ p.241 ②] とも共通する性質です。ただし、rememberの目的語として用いられる動名詞自体に過去を表す機能が備わっているので [☞ p.132]、ここを完了形にすることは必須ではありません。むしろこの場合は、直前にshe had never done such a thing beforeという〈経験〉を表す完了形がある流れで、「見たことがある」というように〈経験〉の意味合いを含んでいると言えるでしょう。

② アリスが"O mouse"と言った理由 +α

　p.32で屈折（活用）の量と語順の制約度のトレードオフの関係を説明しました。英語は比較的活用が少ない言語で、名詞の場合、単数－複数（mouse–mice）の変化があるだけ。しかしラテン語の名詞は、文中での役割に応じて、主格・属格・与格・対格・奪格・呼格と変化します（ヨーロッパ言語にはこのタイプのものが多い）。**これらそれぞれの格の働きが、ofやらtoやらOやらで説明された活用表をアリスは見たのでしょう。O mouseというのは呼格、呼びかけに使われるものです。**

【日本語訳】

　（アリスは、これがネズミに話しかける正しいやり方に違いないと思ったのです。そんなことをしたことは一度もありませんでしたが、お兄さんのラテン語の文法書で見たことがあるのを思い出したのです。「ネズミが ──ネズミの ──ネズミに ──ネズミを ──ネズミよ!」と書いてあったのを。）ネズミはアリスをじろじろと見てきました。アリスには小さな目の片方でウインクしたように見えたのですが、ネズミは何も言いませんでした。

Curiouser and curiouser!

『アリス』の中でも一、二を争う知名度で、大きめの辞書ならこれで項目が立っているくらいのフレーズです（ぜひお使いの辞書を引いてみてください）。そして、それが「文法ミス」を犯した箇所だというところがいかにも『アリス』らしい。

形容詞・副詞の比較級・最上級の作り方を確認しておきましょう。指標は単語の音節数（基本的には、音節数＝母音の数。分かりにくければ辞書の見出しで簡単に確かめられます。「beau・ti・ful」なら3音節）。1音節語なら-er、-estをつけ、3音節以上ならmore、mostを前につけるのでした。

1音節　big – bigger – biggest

3音節　beautiful – more beautiful – most beautiful

厄介なのは2音節語。「-yで終わる語は-er、-est型」など、いくつかのルールはあるものの、どちらも可という場合も多く、個別に調べる必要があります。

2音節　easy – easier – easiest
　　　　polite – politer / more polite – politest / most polite

ただし、全体的な動向としては、-er/-est型からmore/most型へと次第に移行していく傾向にあるようです。

すでにお分かりのとおり、curiousはcu・ri・ousで3音節。迷うことなくmore curious（あるいはmore and more curious）とすべきところです（これが"good" Englishですね）。しかし体が伸びて驚いたアリスは、この規則をすっかり忘れてしまったのでした。私たちとしてはアリスを反面教師としたいところですが、このことによってアリスはさらに興味を引く魅力的な存在になったこともまた事実です。

コーカス競争と長いお話

A Caucus-Race and a Long Tale

◆

　不思議なケーキで体が大きくなり、庭に出られなくなったアリスは、途方に暮れて大泣きし、たくさんの涙を流します。かと思えば、扇子をパタパタあおいで今度は小さくなりすぎ、海のような自分の涙に押し流される羽目に。涙の池で出会ったネズミに脱出する道を教えてもらおうと、アリスは必死で話しかけますが、飼い猫ダイナや近所のテリア犬の話をして、ネズミを怒らせてしまいます。ネズミが犬と猫を嫌うのはなぜなのか。動物たちと涙の池から上がったアリスに、ネズミはどんなお話をしてくれるのでしょう…?

岸に上がろう
そしたら猫と犬が嫌いな理由を教えてやろう

アリスはいっしょに流されていた
鳥やけものと共に岸に上がりました

もうびしょぬれだよ
どうやって乾かそうか

あ！ いい考えが

わたしの方が年上なんだから
わたしの方がわかるわ！

じゃあ何歳なの？

…

つん

☞ p.60 ｜ Story 7

☞ p.62 │ Story 8

☞ p.64 | Story 9

☞ p.68 | Story 10

◦ Story 7 ◦ 🔊 15

アリスと動物たちが「涙の池」から出て、池のほとりに集合する。

They were indeed a *queer*-looking *party that *assembled on the bank —— the birds with *draggled feathers, the animals with their fur *clinging close to them, and ① all dripping wet, cross, and uncomfortable.

　The first question *of course was, how to get dry again: they had a *consultation about this, and after a few minutes it seemed quite natural to Alice to *find herself talking familiarly with them, ② as if she had known them all her life.

語注 ・・

queer 形 奇妙な、おかしな 　　-looking 形 …に見える

party 名《単複両扱い》一行、一団、集団 [☞ p.65 ①]

assemble 自動 集まる、集合する

draggle 他動 引きずって汚す［濡らす］ 　　cling 自動 （…に）くっつく、まとわりつく(to)

of course 副 もちろん ※ question を修飾しているわけではない。

consultation 名 相談、協議

find herself talking familiarly with them （意識的に動物と仲よく会話し始めようと決めたのではなく）気づいたら話していた [☞ p.47 ③]

解説講義

① all dripping wet, cross, and uncomfortable：主格補語 `構文`

the birds…、the animals… と並列のフレーズ。**主語allを明示した分詞構文**で、allは、鳥も獣も含め、「涙の池」から這い出てきた生き物「みんな」を指しています。

dripという自動詞は、「液体」を主語にすると「ぽたぽた落ちる」という意味ですが、それ以外の「人や物」を主語にすると、「（人や物から）液体が滴り落ちる」ことを表します。ここではもちろん「池の水＝アリスの涙」が滴り落ちたのですね。

そのあとのwet、cross、uncomfortableはすべて形容詞。crossには様々な語義がありますがここでは「不機嫌な、イライラした」、uncomfortableは「不快な」です。これらの形容詞は主語allの状態を表しており、動詞dripを媒介としてSVCの構文をなしています。SVCで用いられる動詞は典型的にはbeやbecomeなどですが、ほかの自動詞でも状況次第で広くこの構文をとることが可能です。ポイントは**S＝Cという関係が成り立つこと**（そのようなCを主格補語といいます）。今回であれば「全員」が「びしょ濡れで、イライラし、不快だった」のです。

② as if節内の仮定法 `仮定法`

as if節では、仮定法を使うと話し手の確信度が弱く、使わなければ確信度が高いことを表します。また、仮定法が用いられる場合、主節の時制にかかわらず、as if節内の内容が主節と同時のことなら仮定法過去が、主節よりも前のことなら仮定法過去完了が用いられます。本文ではhad knownですから仮定法過去完了。「アリスが動物たちと生まれてこの方知り合いだった」などということはありえないので仮定法、「生まれてこの方」というのはこの物語の時点よりも前のことなので過去完了になります。

【日本語訳】

　　それは岸に集まった実に奇妙な見た目の一団でした――鳥たちは羽を引きずり、動物たちは毛がべったりと体に貼りつき、みんなぽたぽた滴をたらし、不機嫌で、気持ち悪そうでした。

　　第一の問題はもちろん、どうやって体を乾かすかでした。みんなはこれについて相談し、数分も経つと、アリスは自分が動物たちと、ずっと知り合いだったかのように親しく話しているのが、いたって自然なことに思えるのでした。

ネズミの無味乾燥（dry）な話を聞くのでは、濡れた体が乾かなかったので……。

"In that case," said the Dodo *solemnly, rising to its feet, "①I move that the meeting adjourn, for the immediate adoption of more energetic remedies――"

　"*Speak English!" said *the Eaglet. "I don't know the meaning of half those long words, and, *what's more, ②I don't believe you do *either!" And the Eaglet bent down its head to hide a smile: some of the other birds *tittered *audibly.

> **語注** ………………………………………………………………………………………
> solemnly 副 厳粛に、厳かに（＜ solemn 形）
> Speak English! 「英語を喋れ!」＝「まともな[わかりやすい]言葉を喋れ!」
> the Eaglet ワシの子。アリス・リデルの妹イーディスをモデルにしているとされる。
> what's more 《副詞的》さらに、加えて　　either 副《否定文で》…も《肯定文ならtoo》
> titter 自動 くすくす笑う、忍び笑いする　audibly 副（わざと）聞こえるように（＜ audible 形）

解説講義
● ●

① ドードーの言葉の「硬さ」を聴き取ろう ＋α
　moveは「…という動議を出す」。adjournは「一時休止する」。提案や要求の動詞が従えるthat節では**仮定法現在**が用いられるため、adjournには三

単現のsがついていません。immediateは「即座の」、adoptionは「採用」、energeticは「強力な」、remedyは「対策」。難しいですが地道に調べていけば、「より強力な対策を即座に採用するため、休会動議を提出いたします」と言っていることがわかります。

　ですがここでつかんでほしいのは、意味内容よりも「難しさ」の具体的な質感。I move that…は議会等で用いられる表現ですし、何よりadjourn、immediate、adoption、energetic、remedyはひじょうに「硬い」単語です。

　日本語で「寒い」と「寒冷な」を比べると、意味は同じでも受ける印象が違います。漢語の方が、難解で生硬な感じがするのです。**日本語でのこの和語と漢語の関係に対応するのが、英語本来のゲルマン系の語彙と、フランス語やラテン語・ギリシャ語からの借用語との関係**。ドードーの使う「難しい」語彙（イーグレット曰く「長い単語」）はすべて後者に属します。

　これを意識すると単語や文章の「感じ」や「ノリ」をつかむ助けになります。ドードーの話す言葉は過剰に硬く難解で、それが滑稽なまでに気難し屋なこの鳥のイメージを形作っているのです。ちなみにそんなドードーは、作者キャロルの自画像だとも言われています。

② notの位置／代動詞 [構文]

　I believe you <u>don't</u> eitherと書き直した方が、直感的にはわかりやすいかもしれません。しかし**believeやthinkを用いて「…でないと思う」と言う場合、notはthat節でなく主節に置かれるのが一般的です**。

　doは少し前のknow the meaning of half those long wordsを受ける代動詞で、「あなたも（自分が口にした長い言葉の意味を半分も）わかってないんでしょ」と言っています。こうした省略表現でうまく反復を避けられるようになると、自分で書く／話す英語も洗練されてきます。

【日本語訳】

　「その場合」ドードーは立ち上がって、厳かに言いました。「より強力な対策を即座に採用するため、休会動議を提出します──」

　「ふつうの言葉をしゃべってよ！」と小ワシは言いました。「その長ったらしい単語の半分も意味がわからないし、それに、あなただってわかってないでしょう！」そう言って小ワシは頭を下げ、笑っているのを隠しました。ほかの鳥たちのなかには、聞こえるようにくすくす笑うものもいました。

Story 9   🔊 17

「コーカス競争 (Caucus-race)」とはどんな競技なのかと問われたドードーは、実際にやってみるのが一番だと答える。

First it [= Dodo] *marked out a race-course, *in a sort of circle, ("the exact shape doesn't *matter," it said,) and then ①all the party were placed along the course, here and there. There was ②no "One, two, three, and away!" but they began running when they *liked, and *left off when they liked, *so that it was not easy to know when the race was *over. However, when they ③had been running half an hour or so, and were quite dry again, the Dodo suddenly *called out "The race is over!" and they all crowded round it, *panting, and asking "But who has won?"

語注 ....

mark out 他動 境界線を引く、区切る (=mark off)   in 前 〈形状〉を表す
matter 自動 重要である《疑問や否定で用いられることが多い》
like 自動 望む ※実質的には like to begin running ということ   leave off 自動 やめる、
中断する   so that 接 〈結果〉を表す節を導く   over 副 終わった、済んだ
call out 他動 大声で言う   pant 自動 息を切らしてはあはあ言う

解説講義

① なぜpartyに対する動詞がwereなのか？ 語法

　partyは単数・複数両扱いの名詞。池を這い出た動物たちを、**ひとつの集団というより複数のメンバーの集合と捉えているため複数扱い**となり、wereで受けています。

② 否定の後のbutに注意 構文

　"One, two, three, and away!"は「よーいドン！」に当たる表現。それが「ない」(no)とは、そのような掛け声がかからなかったということです。

　その後のbutには要注意。**否定に続くbutは、「AだがしかしB」という逆接ではなく、「AでなくBだ」というつなげ方になります。**「「よーいドン！」の掛け声はなく（その代わりに）好き勝手に走ったり止まったりした」ということです。

③ had been running ＝ 進行形＋完了形 完了形

　進行形（was running）を完了形にした形。**進行形、状態動詞、be動詞など〈状態〉を表す述語の完了形は〈継続〉を表し、「ずっと」というニュアンスを伴いながら、しばしばその状態がいつから始まったか、またはその期間を表す語句（since, forなど）をともに用います。**この場合はhalf an hour or soがその「期間」を表す部分。前置詞をつけるならforですが、省略されることもしばしばです。

【日本語訳】

　まず、ドードーが円のような形にコースの線を引きました（「ちゃんとした円じゃなくても構わん」とドードーは言いました）。それから、全員がコース上のあちこちで位置につきました。「よーい、ドン！」の合図はなく、好きなときに走り始め、好きなときに止めるので、競争がいつ終わりになるのかよくわかりませんでした。しかし、三十分かそこら走り続け、まあまあ体が乾いたところで、ドードーが突然「競争、終わり！」と声を上げ、みんなが息を切らしながらドードーの周りに集まって、「で、誰が勝ったの？」と聞きました。

①This question the Dodo could not answer without *a great deal of thought, and it stood for a long time ②with one finger pressed upon its forehead (③the position in which you usually see Shakespeare, in the pictures of him), while the *rest waited in silence. At last the Dodo said, "*Everybody* has won, and *all* must have prizes."

語注

a great deal of　多くの…　※p.42では副詞的に用いられたが、このように名詞としても用いる。

rest 名 他の人たち

解説講義

① 目的語の前置　倒置

　この文は、標準的な語順に直せば、The Dodo could not answer this question without a great deal of thought。つまり**this questionという目的語が文頭に移動しています**。語順の規則からすれば破格ですが、こうすることで、目的語を文の主題としてはっきり示すことができるという効果があります。前の段落の最後で出された「誰が勝ったの？」という「この質問」の話をしますよと、話題をやや強めに示しているのです。

② 付帯状況のwith 〔分詞〕

with O C（Cは形容詞、分詞、前置詞句など）の形で「OがCという状態にある」ことを表す、付帯状況と呼ばれる用法です。ここではO＝one finger、C＝pressed upon its foreheadなので、「指を一本、額に押し当てた状態で」となります。

なお文法的にはpressed upon its foreheadをone fingerの修飾語と取ることも十分可能で、見かけでは区別がつきません。しかしそう考えると「額に押し当てた一本の指で（？）立っていた」という意味不明な文になってしまうことから、このwithは付帯状況を表すと判断できます。このあたりは意味や文脈を考えながら判定するしかありません。

③ 〈前置詞＋関係代名詞〉 〔関係詞〕

〈前置詞＋関係代名詞〉は複雑に感じるかもしれませんが、**前置詞と関係詞をセットで見る習慣をつければすんなり理解できるようになってきます。**

	you usually see Shakespeare in the position	···❶
	in which	···❷
The position in which you usually see Shakespeare		···❸
(The position which you usually see Shakespeare in)		···❹

関係詞を取り除いた元の文は❶。前置詞の選択は、ひとえにthe positionという名詞との組み合わせの問題です。続いて先行詞にしたい名詞をwhichに変え（❷）、先行詞を頭に持ってきた上で、前置詞ごとwhichを先行詞の後に持ってくる（❸）。このとき、inをあいまいに捉えず、in the positionという元の組み合わせをしっかり脳内に置いておくことが大事です。ちなみによりくだけた言い方では、whichだけを前に持ってきて、前置詞は元の場所に置いておくことも可能です（❹）。

【日本語訳】

この質問に答えるのに、ドードーはずいぶん考え込まなくてはなりませんでした。長いこと指を一本額に当てて立っている間（シェイクスピアの絵でよく見かける姿勢です）、ほかのみんなは黙って待っていました。ついにドードーは言いました。「全員勝ちだ。みんな賞品をもらわなけりゃならん」

 Story 10　　　　　　　　　　　　　　　　　　　◁)) 19

ネズミがイヌとネコを嫌うに至った経緯をアリスは聞き出そうとする。

"You promised to tell me your *history, you know,"
said Alice, "and ① why it is you hate —— *C and D,"
she added in a whisper, half afraid that it would be
*offended again.

"② *Mine is a long and a sad tale!" said the
Mouse, turning to Alice, and sighing.

"② It *is* a long tail, certainly," said Alice, looking
down with *wonder at the Mouse's tail; "but why do
you call it sad?" And she *kept on *puzzling about
it while the Mouse was speaking, so that her *idea
of the tale was something like ③ this:——

語注

history 名 (個人の)経歴、沿革　　C and D　catとdogの頭文字
offend 他動 怒らせる　　mine = my history
wonder 名 驚き　　keep on doing 動 …し続ける
puzzle 自動 頭を悩ませる、考え込む
idea 名 イメージ、像

解説講義

① 文構造に注意して意味をとらえよう 構文

why節はyour historyと並列で、tellの直接目的語。**itは形式主語で、意味上の主語はyou hate ─ C and D**。CとDはそれぞれcatとdogのことで、ネズミの怒りを買うまいとするアリスがあえて頭文字だけを口にしたものです。C and Dがhateの目的語であることを見失わないようにすれば、「あなたがイ（ヌ）とネ（コ）を嫌っているのはなぜなのか」という意味だとわかります。

② taleとtail：同音異義語 +α

taleとtailは [téɪl] という共通の音をもつ同音異義語[☞ p.72]。これを混同したアリスは、「長くて悲しい話（tale）」を「長くて悲しい尻尾（tail）」と勘違いしてしまいます。

It *is* a long tail, certainly. のcertainlyは、「なるほど確かに（長い尻尾ではあるが）」という譲歩を表し、後のbutと呼応。isの強調は、実際に自分の目で見たa long tailであるという事実を確言する意図。それに対して、「悲しい尻尾（a sad tail）」というのはわけがわからないので、**why do you call it sad?** と尋ねています。

③ 後方照応のthis 語法

thisは前に出ている情報を指示するのが通常ですが、時に**後に出てくること、これから述べることを指す**場合があり、ここではその用法です。ちなみにitやthatにはこの用法はありません。コロン（:）は「すなわち」というニュアンスを伴い[☞ p.23]、この後にthisの内容がくることを示しています。

【日本語訳】

　「あなたの身の上話を聞かせてくれるって言ったじゃない」とアリスは言いました。「それに、なんであなたが ─ イとネを嫌いなのかを」と小声で付け足しました。ネズミがまた怒ってしまうのではないかと心配だったのです。

　「長くて悲しい話（テール）だぞ！」とネズミは言い、アリスの方を向いて、ため息をつきました。

　「確かに長い尻尾（テール）ね」とアリスは、ネズミの尻尾を驚いて見下ろしながら言いました。「でも、なんでその尻尾が悲しいの？」こうしてアリスはネズミが話している間ずっとそのことについて考えていたので、彼女の中でそのお話はこんなふうになっていました ─。

Story 10のつづき　　　　　　　　　　　　　🔊 20

[中略]※

　"You are not *attending!" said the Mouse to Alice, severely. "What are you thinking of?"

　"*I beg your pardon," said Alice very humbly: "①you had got to the fifth bend, I think?"

　"②I had *not*!" cried the Mouse, sharply and very angrily.

　"②A knot!" said Alice, always *ready to make herself useful, and looking anxiously about her. "Oh, ③do let me help to undo it!"

語注 ⋯⋯⋯⋯⋯⋯⋯⋯⋯⋯⋯⋯⋯⋯⋯⋯⋯⋯⋯⋯⋯⋯⋯⋯⋯⋯

※この部分の原文は、尻尾（tail）の形になったネズミの話（tale）を視覚的に再現したものになっています。これを詩として読んでいけば、しっかり韻を踏んだ12行詩になっています。

attend [自動] よく注意を払って聞く

I beg your pardon. ごめんなさい。《Sorry. などよりも硬い表現》

ready to do [形] 喜んで…する

解説講義

① you had got to the fifth bendはどういう状況を表している？ +α

get toは「…にたどり着く」、bendは「曲がっている部分」。アリスの脳内にできていた「尻尾」の形をした詩が、五つ目の曲がり目に差し掛かっていたことを言っています。

② notとknot：同音異義語 +α

tale / tailと同様、not / knotも綴りは違えど同じ音（[nɑ́t]）。これを混同したアリスは、I had *not*!（= I had not got to the fifth bend!）を、I had（a）knot!と取り違えてしまっています。ネズミの尻尾がこんがらかって結び目（knot）ができたと思い込んでしまったのです。[同音異義語 ☞ p.72]

③ 強調のdo 語法

doは動詞の前に置くことで、「本当に」「ぜひ」といった強調のニュアンスを加えることができます。こうしたdoには必ず強勢が置かれます。

「私が…するのを許してください」という意味のlet me doは、命令文で用いて自分が何かをすることを柔らかく提案する表現です。undoは「（結び目を）解く」ですから、アリスはこんがらがった尻尾を解くのを手伝ってあげようと申し出ているわけです。

【日本語訳】

「ちゃんと聞いてないじゃないか！」とネズミはアリスにきつい口調で言いました。「何を考えているんだよ」

「ごめんなさい」とアリスは恐縮して言いました。「五番目の曲がり角まで来ていますよね?」

「そんなことはないよ！」とネズミはとても怒って鋭く声を上げました。

「結び目！」とアリスは言い、いつも人の役に立ちたいと思っているアリスは、キョロキョロ辺りを見回しました。「ああ、私が結び目を解きますよ！」

文法をさらに深める

"Mine is a long and a sad tale!" said the Mouse.

"It *is* a long tail, certainly," said Alice.

"I had *not*!" cried the Mouse.

"A knot!" said Alice.

---

　taleとtail、notとknot。見た目も意味も別物なのに発音が共通の単語を取り違え、アリスはネズミを怒らせてしまいます。

　英語の綴り字と発音の関係はなかなかに複雑です。taleの読み方で重要なのは、いわゆる〈マジックe〉という規則。「母音＋子音＋e」という綴りのとき、前の母音をアルファベットの名前読みし、後ろのeは黙字とするというルールです。これとtailのai以外に、二重母音 [eɪ] を表す綴り字は、ay, ei, eyなどがあります。

　not / knotに目を向けると、knotの頭にあるkは黙字。know、knightなど、kn-のkは発音しないというパターンが一般的です。そのため、not / knotは [nɔ́t] で同じ音。しかし当然、意味はまったく異なります。

　英語は西洋語の中でも、綴り字と発音の関係が不安定な言語です。 一つの音に対して綴り字が複数ある場合が多く、アクセントの位置は綴りを見ただけではわかりません。とはいえランダムというわけでもないので、綴り字と発音の原則的な関係を押さえるのは有効な手段。その上で、発音記号で表記された単語の音声をできる限りチェックするのが大切です（辞書では見出し語の隣に記されています）。

　英語の綴り字の混乱ぶりは、音韻体系のかけ離れた外国語から語彙を頻繁に輸入してきた、その歴史に由来しています。 英語は元来ゲルマン系の言語ですが、8世紀後半のバイキング襲来による古ノルド語の流入、11世紀のノルマン征服以降のフランス語の借用、ルネサンス期のラテン語、ギリシア語の摂取というように、西欧諸外国語の影響を受けることの多かった英語は、様々な言語の入り混じった異種混交体なのです。そんなわけで、アリスがうっかりするのも仕方がないといえば仕方のない話。イーグレットに "Speak English!" とばかにされるドードーの言葉も、それはそれで英語であるには違いないのです。

白ウサギ、ビルを送り込む

The Rabbit Sends in a Little Bill

◆

涙の池から岸に上がったアリスは、ドー
ドーにすすめられるがまま、体を乾か
すためにコーカス競争という名の不
思議なレースに参加します。その後
ネズミからついに、犬猫嫌いの理由
を明かす「長くて悲しい話^{テール}」を聞きま
した。ところがそれを「尻尾^{テール}」と取り
違えてしまい、再びネズミはご立腹、
その場を立ち去ってしまいます。ほか
の動物たちもいなくなって一人取り残
されたアリスの身に、次は何が降りか
かるのでしょう…?

ネズミが戻ってくるのを待っていたら
引き返してきたのは見覚えのあるウサギでした

公爵夫人! 公爵夫人!

あのお方がオレを処刑するのは
イタチがイタチであるのと同じくらい確かだ!

どこに落としちまったんだろう?

扇子と手袋を
探しているのかな…

メアリー・アン!
そこで何をしてる?

え?!

今すぐ家に戻って
扇子と手袋を持ってこい!

急げ!

わたしを女中だって
勘違いしてるよ～

☞ p.80 | Story 11

☞ p.84 | Story 12

☞ p.86 │ Story 13

Story 11

◁)) 21

手袋と扇子を取ってくるよう命じられ、白ウサギの家に入ったアリスは、
二階の一室で不思議な飲料を飲み、ふたたび巨大化する。

Before she ① had drunk half the bottle, she *found her head *pressing against the *ceiling, and had to *stoop to ② save her neck from being broken. She *hastily put down the bottle, saying to herself "*That's quite enough ── I hope I *shan't grow *any more ── *As it is, I can't get out *at the door ── ③ I do wish I hadn't drunk quite so much!"

語注

find 他動 find O (her head) C (pressing against the ceiling) の構文 [☞ p.47 ③]

press 自動 (…を)押す (against)

ceiling [síːliŋ] 名 天井

stoop 自動 身をかがめる

hastily 副 急いで、慌てて (< hasty 形)

That's (quite) enough. (制止して)もう十分。いい加減にしなさい。

shan't = shall not。[☞ p.20]

not … any more これ以上は…ない (=no more)

as it is 現状でも、このままでは

at 前 〈出入りする地点〉を表す

80

解説講義

① 完了形が使われている理由 `完了形`

　完了相 had drunk は、瓶の半分を飲んだ後の局面、すなわち飲料が半分以下になった状態を表しています [☞ p.17]。それと before が組み合わさると、「瓶の半分も飲み終わらないうちに」。ちなみに the bottle で実際に表されるのは「瓶」そのものではなく、「瓶」の中に入っている「飲料」。このようにある事物をそれと隣接する物で表す比喩法を換喩（metonymy）と言います。

② 能動態か、受動態か `受動態`

　save A（from）doing は「A が…しなくて済むようにする」。同じ構文をとる動詞に prevent、prohibit、stop、keep などがあります。

　doing にあたる being broken が受動態になっているのはなぜでしょう。**能動・受動の選択のポイントは、その述語の意味上の主語が、動詞が表す動作の主体（し手）なのか、客体（受け手）なのか。主体が主語なら能動、客体が主語なら受動です。**

　今回で言えば、her neck は break（「…を折る」）という動作の受け手。（し手はこの場合「天井」でしょうか）。そのため break は受動態にする必要があるのです。

③ wish：実現不可能な願望 `仮定法`

　wish と hope や want の違いは、**wish が実現不可能または実現可能性の低い願望を表すこと。そのため wish に続く that 節内は仮定法になります。** 飲んでしまったものは取り消せない以上、「飲まなければよかった」という願望はまさに実現不可能。hadn't drunk と過去完了になるのは、「飲んだ」のが wish したときよりも前のことだからです。ちなみに do は wish を強める代動詞 [☞ p.71]。

【日本語訳】

　瓶の半分も飲み切らないうちに、頭が天井に当たっていることに気づき、かがんで首が折れないようにしなくてはなりませんでした。アリスは慌てて瓶を置き、心の中で言いました。「もうたくさん ── これ以上大きくならないといいな ── 今だってドアから出られなくなってるし ── こんなにたくさん飲まなければよかった！」

　*Alas! It was too late to wish that! She went on growing, and growing, and very soon had to *kneel down on the floor: *in another minute there was not even *room for this, and she tried the effect of lying down *with one elbow *against the door, and the other arm *curled round her head. *Still she went on growing, and, as a last *resource, she put one arm out of the window, and one foot up the *chimney, and said to herself "Now I can do *no more, ①whatever happens. *What *will* become of me?"

語注

alas 間 ああ（悲嘆・憂慮などを表す）

kneel down 自動 ひざまずく

in 前 （ある期間）の後に

room 名 （…のための）空間、余地（for）※この意味の場合は不可算。「部屋」でないことに注意。なお、this は to kneel down on the floor を指す。

with 前 with O C の付帯状況 [☞ p.67]。one elbow, the other arm が O、against the door、curled round her head が C にあたる。

against 前 …に当たって、押しつけて

curl 〖他動〗巻き付ける、螺旋状にする

still 〖副〗（文頭で）それでもなお

resource 〖名〗まさかの時の手段、頼みの方策

chimney 〖名〗煙突

no more ＝ not … any more［☞ p.80］ここまで手足の置き場の工夫を試みてきたが、これ以上はやりようがないということ。

What *will* become of O?　Oはどうなるんだろう？　※willの斜字体は、「一体全体」という形で疑問の意を強める。

解説講義

① whatever happens：譲歩 構文

　whatever, whenever, howeverなど「疑問詞 -ever」で作られる語は、「何が［いつ／いかに］…しようとも」という譲歩の副詞節を導くことができます。節内の構造は疑問詞を使う場合と同様で、「何［いつ／いかに］」にあたる部分が節の頭に出ます（疑問文ではないので倒置はしない）。例：whatever he wants／ whenever it occurs

　この場合、happenの主語がwhateverとなって節頭に置かれていると考えればよく、主語が三人称単数扱いとなって動詞に三単現のsがつくのは、一般的なwhat疑問文と同様です。また、この譲歩構文では、「疑問詞 -ever」を「no matter＋疑問詞」に置き換えることが可能。その場合やや口語的な響きになります。

【日本語訳】

　ああ！　もう後の祭りです！　アリスはどんどん、どんどん大きくなり続け、すぐに床に膝をつかなければならなくなりました。一分も経つとその隙間さえもなくなってしまい、片肘をドアに押しつけ、もう一方の腕を頭の上に回して、横になったらどうかと試みました。それでも大きくなり続け、最後の手段として、片腕を窓の外に出し、片足を煙突に突っ込んで、こう考えました。「さあ、何が起きようとこれ以上はどうしようもない。私は一体全体どうなっちゃうんだろう？」

 23

巨大化したアリスが閉じ込められた部屋に白ウサギが侵入してこようとするのを、アリスは食い止めようとする。

" ① *That* you won't!" thought Alice, and, after waiting till she *fancied ② she heard the Rabbit just under the window, she suddenly *spread out her hand, and made a *snatch in the air. She did not get hold of anything, but she heard ③ a little *shriek and a fall, and a *crash of broken glass, ④ from which she concluded that it was *just possible it had fallen into a *cucumber-frame, or something of the sort.

語注 ....

fancy 他動《that 節を伴って》…という気がする、…と思う

spread out 他動（手や足を）広げる ※her hand が単数であることに注意。片手をパーに開いたということ。

snatch 名 ひったくる［ひっつかむ］こと《make と共に用いる》

shriek 名 金切り声、叫び声

crash 名（物が割れる）大きな音

just 副 あるいは、ひょっとすると《possible が表す「可能性」の小ささを強調》

cucumber-frame 名 きゅうりの温室

解説講義

① 指図・命令を表すwill 助動詞

　この前にある白ウサギの "Then I'll go round and get in at the window." という突入宣言を受けたアリスの言葉で、youは白ウサギ、thatは「裏に回って窓から入る」ことを指しています。**willは二人称主語に用いられて話者の意志（指図・命令）を示す用法。**「そんなことはさせないぞ」という高圧的な言い方になります。

② just under the windowはだれの居場所を示す？ 構文

　she heard the Rabbitのうしろの just under the windowという前置詞句。これが表すのは、主語（アリス）の居場所でしょうか、目的語（白ウサギ）の居場所でしょうか。窓からの侵入を試みているのは白ウサギですから答えは後者で、「**窓のすぐ下まで白ウサギが来ているのが聞こえた**」ということです。これは形式的にはどちらもありえるので、注意する必要があります [☞ p.172]。

③ andの使い方 語法

　3つの要素を並べるなら、a little shriek**,** a fall, **and** a crash of broken glassとすべきじゃないかと思われるかもしれませんが、実際にはまず「叫び声と落ちる音」が聞こえ、その後で「ガラスが割れる音」が聞こえたので、本文のようになっています。「**落ちる音**」と「**割れる音**」の間の "**, and**" に流れる**一瞬の沈黙を聴き取ってください。**

④ from which：前置詞＋関係代名詞 関係詞

　〈前置詞＋関係代名詞〉の用例で [☞ p.67]、先行詞はa crash of broken glass。she concluded **from the crash of broken glass** that...という元の形を思い浮かべれば、「**ガラスが割れた音から…だろうと推測した**」という結びつきが見えてきます。なお、from whichの前にコンマがあるので非制限用法。「音がした、それを聞いて推測した」というように前から順に読んでいきます。

【日本語訳】

　「そうはさせない！」とアリスは思いました。ウサギが窓のすぐ下まで来た音がしたと思うまで待ち、いきなり手を広げて空をつかみました。何もつかめませんでしたが、小さな叫び声と何かが落ちた音、そしてがしゃんとガラスが割れる音が聞こえました。これを聞いてアリスは、ひょっとするときゅうりの温室か何かに落っこちたのかもしれないと推測しました。

・ Story 13 ・   🔊 24

白ウサギの家からなんとか逃げ出し、森の中を駆けていくアリス。
頭の上で動物の鳴き声が聞こえ、見上げてみると……

An *enormous *puppy was looking down at her
with large round eyes, and *feebly *stretching
out one *paw, trying to touch her. "*Poor little
*thing!" said Alice, in ① a coaxing tone, and she
tried hard to *whistle to it; but she was *terribly
frightened all the time at the thought that it
might be hungry, ② in which case ③ it would be
very likely to *eat her up *in spite of all her
coaxing.

語注 ┈┈┈┈┈┈┈┈┈┈┈┈┈┈┈┈┈┈┈┈┈┈┈┈┈┈┈┈┈┈┈┈┈┈┈┈┈┈┈

enormous 形 = very large ※小さくなったアリスから見ると巨大ということ

puppy 名 子犬   feebly 副 弱々しく、力なく（<feeble 形 ）

stretch out 他動 伸ばす   paw 名 （犬などかぎ爪のある動物の）足

poor little poorは「かわいそうな」（ただし強い憐憫ではなく、小さいものを愛でる気持ちを
示すと考えられる。「貧しい」の意味はないことに注意）。littleは愛情、同情などを示す [☞ p.42]。

thing 名 やつ、人《動物や人への愛情や軽蔑を込めて》

whistle 自動 口笛で合図する

terribly 副 とても、ひどく《良い意味・悪い意味どちらにも用いる》（<terrible 形 ）

eat up 他動 食べ尽くす、平らげる《upに「すっかり、完全に」という意味がある》

解説講義

① coaxingが現在分詞になっている理由 〔分詞〕

coaxは「…をなだめる、機嫌を取る」という意味の他動詞で、現在分詞となってtoneを修飾しています。このような場合でも、現在分詞か過去分詞かを決める原理はp.81②で説明したものと同じ。coaxingの意味上の主語はtoneであり（a tone which is coaxingと書き換えるとわかりやすい）、toneは「なだめる」という行為のし手（受け手はpuppy）ですから、**a coaxing tone / a coaxed puppyが正しい組み合わせです。**

② 関係代名詞whichの形容詞的用法 〔関係詞〕

whichはふつう名詞ですが、ここではcaseを修飾する形容詞的用法。先行詞にあたるのはit might be hungryで、「空腹だった場合は」という形で後ろにつながります。**このwhichの形容詞的用法が現れるのは、「前置詞＋which＋名詞」の形、非制限用法のみです。**

③ likelyの用法：itは形式主語？ 代名詞？ 〔構文〕

likelyは「ありそうな、起こる可能性が高い」という意味の形容詞。これを用いて「Sが…する可能性が高そうだ」と言う場合、主として二つの構文があります。

❶ S is likely to V. / ❷ It is likely (that) S V.

❷のitはthat節を意味上の主語とする形式主語ですが、同じように形式主語を使って*It is likely (for S) to V. とすることはできません。したがって本文は❶の構文であり、**冒頭のitは形式主語ではなく、the puppyを指す代名詞です。**

この部分までがthe thoughtの中身で、アリスは「この子犬がお腹を空かせていたら、どんなに機嫌を取ってもパクリと食べられてしまいそうだ」と考えて怯えたのです。

【日本語訳】

巨大な子犬が、大きな丸い目でアリスを見下ろし、片足を軽く伸ばしてアリスに触ろうとしていました。「かわいそうな子ね！」とアリスはあやすような声で言い、口笛を吹いてやろうと頑張りました。けれどアリスは、この子はお腹を空かせているかもしれない、そしたらいくらあやしてもパクリと食べられてしまうに違いないと考えて、ずっと、ひどく恐ろしい気持ちでした。

Story 13のつづき　📢》25

①<u>Hardly knowing what she did</u>, she picked up a little bit of stick, and *held it out to the puppy: *whereupon the puppy jumped into the air *off all its feet at once, with a *yelp of delight, and ②<u>rushed at</u> the stick, and *made believe to *worry it: then Alice *dodged behind a great *thistle, to keep herself from being *run over; and *the moment she appeared on the other side, the puppy made another rush at the stick, and *tumbled *head over heels in its hurry to get hold of it:

語注 ⋯⋯

hold out 他動 差し出す

whereupon 《関係副詞（非制限用法のみ）》その結果、その後すぐに

off all its feet at once 四本足がすべて同時に地面から離れて

yelp 名 （犬の）キャンキャン鳴く声　　make believe 動 ふりをする（＝pretend）

worry 他動 （犬が）くわえて振りまわす、いじめる　　dodge 自動 かわす、避ける

thistle 名 アザミ《トゲのある野草》※これが大きい（great）のはアリスが小さくなっているため

run over 他動 …をひく、…にぶつかる

the moment（that）...《接続詞的に》…するとすぐ　　tumble 自動 転ぶ

head over heels 《副詞的に》もんどりうって

解説講義

長大な1文　+α

　p.88からp.90にかけての英文は途中にピリオドが出てこず、**長大な1つの文から成る段落**です。代わりに〈コロンによる休止＋then〉というパターンが繰り返され、「それから、それから…」という形で、**息つく間もなく展開される子犬とアリスの追いかけっこの怒濤の勢い**が表現されています。

① 分詞構文の基本　分詞

　すでに繰り返し登場している分詞構文の基本事項を、ここで確認しておきましょう。

　As she hardly knew what [...]　➡　Hardly knowing what [...]

まず重要なのは、**❶主節と分詞構文の主語が同じ場合、分詞の前に主語を置かなくてよく**、**❷主語が異なる場合には、分詞の前に必ず主語を置かなければならない**こと。したがってHardly knowingの主語は自動的に主節の主語と同じsheになります。

　また、分詞と主節の関係性を示す接続詞は省略可能という点も重要。ただし、接続詞の復元に頭を悩ませる必要はありません。省略されているのはそれで十分伝わるからなので、常識の範囲内で自然につなげて読めばいい。逆に、**意外な接続をさせたい場合には、必ず接続詞が明示されている**はずです。

② atとtoの違い　語法

　目標・方向を示す前置詞としてのatとtoを比較すると、

　at　目標に対する明確な意図を示し、しばしば攻撃性を含意

　to　単に方向、対象を示す

という違いがあります。子犬が本当にアリスを食べる気かはともかく、アリスが身の危険を感じるほど勢いよく小枝に突っ込んできている様子が、このatから分かります。

【日本語訳】

　自分が何をしているのかよくわからないまま、アリスは小枝を一本拾い、子犬に差し出しました。すると子犬は、飛び上がって嬉しそうな声を上げ、小枝に飛びかかり、噛み付いて振り回す仕草をしました。その瞬間にアリスは大きなアザミの後ろにサッと隠れ、踏み潰されないようにしました。アザミの向こう側に出ると、子犬はまた枝に飛びかかり、それをつかもうと慌ててひっくり返ってしまいました。

| Story 13のつづき | ◁)) 26 |

then Alice, thinking it was ①very like having a game of play with a *cart-horse, and expecting ②every moment to be *trampled under its feet, ran round the thistle again: then the puppy began a series of short *charges at the stick, running ②a very little way forwards each time and ②a long way back, and barking *hoarsely *all the while, ③till at last it sat down ②a *good way off, panting, *with its tongue hanging out of its mouth, and its great eyes half shut.

語注 ....

cart-horse 名 荷馬車を引く馬 ※小さくなったアリスには子犬が馬のように見える

trample 他動 踏みつける

charge 名 突撃、攻撃

hoarsely 副 しわがれた声で（< hoarse 形）

all the while《副詞的》その間中ずっと

good 形 かなりの、たっぷりの

with 前 付帯状況 [☞ p.67]。its great eyes half shut の直前にも with を補うとわかりやすい。

解説講義

① 前置詞のlike `前置詞`

likeは「…のような」を意味する前置詞。そのため後続する動詞haveは動名詞（–ing）になっています。一般に前置詞がveryで修飾されることはありませんが、likeには「似ている」という形容詞の用法もあり、類似には程度があるため、very による修飾が可能です。つまりこのlikeは形容詞と前置詞、両者の性質を持っているのです。

② every momentの役割は？ `構文`

every momentは時を表す副詞句で、expectの目的語ではないことに注意。目的語だと捉えると、trampleされるのがアリスでなくevery momentだということになってしまいます。

ふつう名詞が副詞と同等の働きをするためには前置詞を伴う必要がありますが、all、every、thisなどがつくことで、名詞はしばしば副詞化されます。下から4行目の all the while（「その間中ずっと」）も同様。

a very little way、a long way、a good way（wayは「距離」）も似たパターンで、名詞でありながら、forwards、backという副詞の度合いを説明する副詞的な働きをしています。one step aside「一歩横に」、three days before「三日前に」など、同様のパターンはよく見られます。

③ till at lastの訳し方 `+α`

when［☞ p.19］同様、A, till B でも「BするまでA」のような遡る訳はイマイチな場合が多いです。特にこの段落は次々に出来事が起こるその順番が肝心ですから、書かれている順に訳すべき。その場合「ついに」や「ようやく」といった表現が便利で、at lastもその感じを強めています。段落冒頭からのthen … : then …のリズムがここでようやくひと段落。追いかけっこが終結します。

【日本語訳】

それからアリスは、これは荷馬車と遊ぶようなものだと思い、いつ踏み潰されてもおかしくないと感じながら、ふたたびアザミの後ろ側に走って回り込みました。すると、子犬は枝をめがけて何度も突撃し始めました。少し前に出てはずっと後ろに下がり、その間中、しゃがれた声で吠え続けるのです。そうしてついに、子犬は離れたところ息を切らして座り込みました。口から舌をだらりと垂らし、大きな目はなかば閉じていました。

文法をさらに深める
テーマ → 時制とアスペクト

英語の述語（動詞）による時間表現のしくみは、テンス（時制）とアスペクト（相）という2つの軸で考えるとわかりやすい。「時制」は発話の時点を基準に、それより前なら「過去」、後なら「未来」、発話の時点を含めば「現在」の3種類です。

「時制」よりもなじみのない方が多そうなのが「アスペクト」の概念（単純相／進行相／完了相）。これは時制とは独立して、**動詞が表す動作や変化の、特定の局面**を表します。

「白ウサギがきゅうりの温室に落ちる」という出来事を例に取りましょう。「落ちる」という変化は、始まりと終わりのタイミングを基準にして、3つの局面に分解できます。

この中で❷を表すのが進行相（be＋動詞ing）。白ウサギは**「落ちる」という変化の途中**で、宙に浮いている状態です。また、❸を表すのが完了相（have＋過去分詞）。**「落ちる」という変化が終わった結果**として、白ウサギは温室の中にいます。注意してほしいのは、進行相とセットで記憶されがちな「…している」という訳語に惑わされないこと。「いる」は幅の広い日本語で、場合によっては❸も「白ウサギはすでに落っこちている」と表現できてしまいます。この図や太字の部分を頭に浮かべ、何が表されているのかをつかむことを優先してください。その上で、訳文は臨機応変に。

では、一番オーソドックスな単純相（fall(s) / fell / will fall）はどうでしょう。この場合は動作や変化を局面に分解**しない**で丸ごと提示することがポイント。ですから、It fell... という文に対し、そのとき白ウサギは宙に浮いていたの？ いなかったの？ と問うことはできません。

イモムシの助言

Advice from a Caterpillar

◆

白ウサギに女中と勘違いされ、公爵
夫人の扇子と手袋を探してくるよう命
じられて入った家で、アリスは薬を飲
んで再び大きくなってしまいます。手
足が壁につかえて身動きできなくなり、
外からの襲撃に大慌て。けれど投げ
込まれた小石がケーキに変わり、これ
を口にしてみると、みるみる小さくなっ
て脱出に成功します。森で出会った
巨大な子犬からも無事逃げきって、
元の背丈に戻るには何を食べればい
いのだろうと、辺りを見回していると…。

あ！そうだ！
大きくならないと！
食べたり飲んだりすればいいはずだけど…

問題は「何を？」ってことね

きみはだれかね？

わたし…わたし、今はよくわかりません…
朝起きたときはわかっていたのですが
それから何回か変わって…

どういうことだ？
自分の言ったことを説明してみろ！

その自分が説明できないんです！

☞ p.100 | Story 14

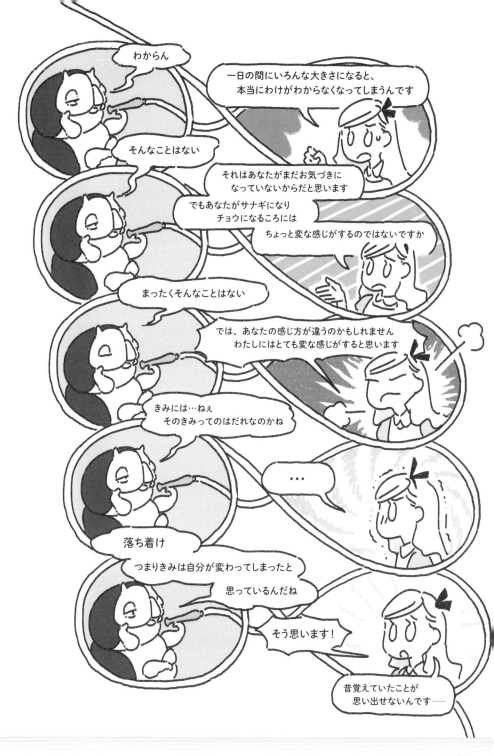

何を覚えていられないんだ

詩を暗唱しようとしたら全部間違っていたんです

「ウィリアム父さん、年とった」をそらんじてみろ

「ウィリアム父さん、年とったね」
若い息子が言いました。
「髪は真っ白、でも父さんいつでも逆立ちしてる——
その年でそれはいいのかい?」
「若い時分は」ウィリアム父さん、答えます。
「脳に悪いと思ったが、今じゃすっかりわかってる
脳みそなんてないことは。だから何度もやっちゃうさ」

「ウィリアム父さん、年とったね」若い息子が言いました。
「ありえないくらい太ったね。でも父さん戸口で逆宙返り
なんでそんなことするんだい」
「若い時分は」父さん、白髪を振り乱
「手足がすこぶる柔軟だった、
この軟膏を塗ってたからさ——
1箱1シリング お前2箱買ってくれ

「ウィリアム父さん、年とったね」若い息子が言いました。
「あごはがたがた、脂身くらいしか食べられないね
なのにガチョウを骨もくちばしも食べちゃって
どうしてそんなことできるんだい」
「若い時分は法律好きで妻といちいち弁論してた
そしたら筋骨たくましく、あごも長持ちしたわけさ」

「ウィリアム父さん、年とったね」
若い息子が言いました。
「目も弱ってるはずなのに鼻の先にうなぎを乗っける——
どうしてそんなに器用なの」
「3つ答えた、もうたくさんだ。
えらそうな口をきくんじゃねえぞ!
そんなん一日聞いてられるか。
出てけ、さもなきゃ蹴飛ばすぞ」

最初から最後まで全部間違いだ

☞ p.106 | Story 15

99

| Story 14 | ◁)) 27 |

子犬から逃げ、体が縮んだままのアリスは、イモムシ（the Caterpillar）と出会う。

The Caterpillar and Alice looked at each other for some time in silence: at last the Caterpillar took the *hookah out of its mouth, and *addressed her in a *languid, sleepy voice.

"①Who are *you*?" said the Caterpillar.

This was not ②an encouraging opening for a conversation. Alice replied, *rather shyly, "I── I hardly know, Sir, just at present── at least ③I know who I *was* when I got up this morning, but ④I think I must have been changed several times since then."

語注 ···

hookah [hókə] 名 水ギセル　　address 他動 …に話しかける　　languid 形 気だるい、物憂い　　rather 副 かなり、相当《悪い意味の語と共に用いられる場合が多い》

解説講義
●·■·●·■·●·■·●·■·●·■·●·■·●·■·●·■·●·■·●·■·●·■·●·■·●·■·●·■·●·■·●·■·●·■·●·■·●

① 第5章のテーマ"Who are *you*?" +α

　　youが強調されたこの疑問文が、本章全体のテーマです。**アリスが「私は誰か」という問いに悩むさまに注目しながら読んでください。** [☞ p.112]

② 現在分詞encouragingが使われている理由は？ 分詞

　openingは「始まり、出だし」という意味の名詞、encourageは「（人を）勇気づける」、「（人に）…するよう促す」という意味の他動詞です。openingとencourageの関係は、"Who are *you*?"というぶっきらぼうな出だし（opening）がアリスを勇気づける、あるいは会話を進める気にさせる（ものではなかった）、というもの。つまりencourageにとってopeningは**主体**なので、–ing形の現在**分詞になっています** [☞ p.81 ②]。

③ 文構造と時制に注意して意味をとらえよう 時制

　疑問詞（who）節が目的語になる「間接疑問文」で、when I got up this morningはwho I *was*がいつのことかを表しています。wasの斜字体は、who I am（今私が誰か）は分からないがwho I was（私が誰だったか）なら分かるという対比を強調したもの。なお、**wasは過去時制でもknowは現在時制ですから、私が誰だったかを「分かっている」のは現在であることに注意してください。**

I know |who| I was ___ when I got up this morning
　　　　　　S　V　C　時
S　V　　　O

④ must have been changedの意味をとらえよう 助動詞

　mustには大別して❶「義務」❷「確信度の高い推量」という二つの意味があり、ここは後者。「…だったに違いない」と過去のことに関する推量を示す場合、must have doneの形を用います。have以下の部分、thenはwhen I got up this morningを指し、「それ以来、何度か変わってしまった」ということ。つまり、「**過去**」**といっても、現在と切り離された過去ではなく、朝起きた時点から現在までの時間帯が問題になっており、完了形の「継続」の意味合いが入っているといえます。**

【日本語訳】

　イモムシとアリスは、しばらくの間、黙ってお互いを見つめていましたが、ついにイモムシは口から水ギセルを離して、アリスに物憂げで眠そうな声で話しかけました。
　「きみはだれかね？」とイモムシは言いました。それは進んで会話をしたくなるような出だしではありませんでした。アリスはだいぶくびくびくしながら答えました。
　「私──私、今のところは、よくわからないんです──少なくとも今朝起きたときに私が誰だったかはわかっているんですけど、それからきっと何回も変わってしまっているんです」

Story 14のつづき　🔊)) 28

　"What do you mean by that?" said the
Caterpillar, *sternly. "①Explain yourself!"

　"①I can't explain *myself*, I'm afraid, Sir," said
Alice, "because I'm not myself, ②you see."

　"②I don't see," said the Caterpillar.

　"③I'm afraid I can't *put it more clearly," Alice
replied, very politely, "for I can't understand it
*myself, *to begin with; and being so many
different sizes in a day is very confusing."

　"*It isn't," said the Caterpillar.

　"Well, perhaps *you haven't found it so yet,"
said Alice;

語注 ⋯⋯⋯⋯⋯⋯⋯⋯⋯⋯⋯⋯⋯⋯⋯⋯⋯⋯⋯⋯⋯⋯⋯⋯⋯

sternly 副 手厳しく、厳格に（<stern 形 ）　　put 他動 述べる、表現する

myself 再帰代名詞の強調用法。主語Ⅰと同格でこれを強調する。

to begin with　まず第一に、初めに

It isn't.　＝ It [＝Being so many different sizes in a day] isn't very confusing.

you haven't found it so yet　it＝being so many different sizes in a day、so＝very
confusing。find Ｏ Ｃの形に注意 [☞ p.47]。

解説講義

① Explain yourself! / I can't explain *myself.* +α

　explain oneselfは「自分の考えを明確に表現する」という意味の慣用表現で、イモムシはこれを念頭に「はっきり言え！」と迫っています。しかしアリスはこの表現を字義通りに、「お前を説明しろ！」と取る。そしてその「お前」（アリスにとっての「私」）がよく分からなくなっているアリスは、「その私を説明できないんです」と訴える、という流れです。[再帰代名詞 ☞ p.112]

② you see / I don't see +α

　you seeは直訳すれば「あなたは分かっている」（see = understand）ですが、理由の補足（「なにしろ…ですから」）を示す決まった言い方。**この慣用表現を今度はイモムシが字義通りに取り、「私は分からないよ」と話を蒸し返しています。**慣用表現を学習する際は、字義通りの意味を確認すると記憶の助けになるのでオススメです。が、実際の使用の場で原義を思い出し過ぎてしまうと、アリスとイモムシの会話のようにややこしいことになってしまうかも……？

③ I'm afraid... の意味は？ 構文

　afraidはthat節を従えて「…ではないかと心配する」という意味。この場合のafraidには「恐れる」という強い意味はありません（cf. I am afraid of death. 私は死を恐れる）。むしろ、I think that... に「that節の内容がよくないことである」というニュアンスを加えた表現と考えるとわかりやすい。その延長線上で、「申し訳ないのだが」というへり下るような意味合いが出ることもあります（ここでもそう）。

【日本語訳】

　「それはどういう意味だね？」とイモムシは厳しい声で言いました。「自分の考えをはっきり説明したまえ！」

　「その自分を説明することができないんです」とアリスは言いました。「だって私、自分じゃなくなっているんです、お分かりの通り」

　「分からんな」とイモムシが言いました。

　「これ以上はうまく言えません」とアリスは礼儀正しく答えました。「そもそも自分でも理解していないんです。一日のうちに何度も違った背丈になると、とても混乱します」

　「そんなことはないね」とイモムシ。

　「それは、多分、あなたはまだそうお感じになったことがないんだと思います」とアリス。

Story 14のつづき　　　　　　　　　　29

"but when you have to *turn into a *chrysalis——
① <u>you will some day</u>, you know——and then after
that into a butterfly, I *should think you'll feel
*it a little queer, won't you?"

"*Not a bit," said the Caterpillar.

"Well, perhaps *your* feelings may be different,"
said Alice; "*all I know is, ② <u>it would feel very
queer to *me*</u>."

"You!" said the Caterpillar *contemptuously.
"Who are *you*?"

③ <u>Which</u> brought them back again to the
beginning of the conversation.

語注 ……………………………………………………

turn into 動 …に変化[変身]する　　chrysalis [krísəlıs] 名 サナギ
should 助 thinkなどと共に用いて語調を控え目にする [☞ p.252]
it ＝サナギやチョウになること
not a bit まったく[少しも]…ない（＝ not at all）
all I know is, ＝ all (that) I know is that（コンマは接続詞thatの代用）
contemptuously 副 傲慢に、軽蔑的に（＜contempt 名、contemptuous 形）

解説講義

① 省略されている部分を補って、意味をとらえよう 構文

　willの後にhave to turn into a chrysalisが省略されており、「実際にあなたもいつかはサナギになるでしょ」と言っています。このように助動詞の後が省略された場合はwillなのかwill notなのかを伝えたいわけですから、willに**強勢を置いて読む必要があります。**

　ついでにここで、同じく未来のことを述べているはずのwhen you have to turn...にはwillが含まれていない理由を思い出しておきましょう。時および条件の副詞節（when, after, if...）では、未来を表すwillは用いないというルールがありました。

② if節以外の要素で示される条件 仮定法

　meの斜字体は「（あなたは何とも思わないとしても）私には変な感じがするはずだ」という意味合い。**wouldを用いた仮定法の文で、事実上このto meが仮定を表しています。**言い換えるなら、if I turned into a chrysalis and a butterflyやif I were youとなるでしょう。

③ このwhichの先行詞は？ 関係詞

　先行詞は直前の文"Who are you?"です。**このように先行詞と関係代名詞節をピリオドで隔ててしまう用法は、コンマで隔てる一般的な非制限用法と同様に考えて差し支えありません。**

　ここに至って二人の会話はイモムシの最初の一言 "Who are you?" に戻ってきてしまいました。「君は誰だ？」という疑問に答えは出ず、話がぐるりと一周したところで二人の会話はひと段落します。

【日本語訳】

　「でも、あなたもサナギになる時が来たら —— いつかはそうなるでしょうから —— さらにはチョウになる時が来たら、少しは変な感じがするのではないでしょうか」

　「少しもしない」とイモムシ。

　「ええと、もしかしたら、あなたの感じ方は違うのかもしれませんけど」とアリス。「私に分かるのはただ、私にはとても変な感じがするはずだということだけです」

　「きみには！」とイモムシはばかにしたように言いました。「そのきみはだれなのかね？」

　これで会話がまた振り出しに戻ってしまいました。

Story 15   ◁)) 30

体が大きくなるキノコを食べて首が伸びきったアリスを、卵を育てるハト（the Pigeon）は、
ヘビ（serpent）ではないかと疑って警戒している。

"But I'm *not* a serpent, *I tell you!" said Alice.

"I'm a—— I'm a——"

"Well! *What* are you?" said the Pigeon. "I can see you're trying to *invent something!"

"I—— I'm ① a little girl," said Alice, rather doubtfully, ② as she remembered the number of changes she had gone through, that day.

"*A likely story indeed!" said the Pigeon, in a tone of the deepest contempt. "I've seen *a good many little girls *in my time, ③ but never *one* with such a neck as that!

語注 ·····································

I tell you （信じられないかもしれないが）本当に
invent 他動 でっち上げる、捏造する
A likely story 《皮肉で》ありそうな話だ → ありえない、眉唾だ
a good many かなり多くの
in one's time 今まで生きてきた中で

解説講義

① little：「幼い／小さい」 語法

　　a little girlの**little**は通常**young**と同義で、特段体の小ささを意味しません。しかし**little**に「物理的に小さい」、「背が低い」という意味があることも事実。巨大化を何度も経験し、今も木の上のハトと会話できるほど首が長くなっているアリスは、自分が本当に**little**と言えるのかと疑わしく（**doubtfully**）感じているのです。単語の意味をより字義通りに、より物理的にとらえるジョークのパターンが、ここにも見られます。

② 大過去／接続詞as 構文

　　go throughは「経験する」。先行詞の**changes**が**go through**の目的語にあたります。**had gone through**と完了形になっているのは、**go through**が**remember**よりも前に発生したことを示す大過去の用法 [詳しくは ☞ p.241]。

　　asは接続詞で、〈理由〉とも〈同時性〉とも取れそうなところ。理由を示す**as**は**because**と異なり強い因果関係を表すわけではないので、意味が曖昧になりがちです。

③ 代名詞one／完了形の経験用法 代名詞

　　oneは既出の加算名詞の代わりに用いる代名詞で、**ここでは**a little girlの言い換え。with such a neck as thatはこのoneにかかっています。

　　主語・述語は文の前半と同じなので省略されていますが、補えば**I have never seen one ...** となります。**in my time**のように過去を漠然と表す語句、否定語の**never**、他に、頻度を表す語句などと共に用いられた完了形は、「…したことがある」という〈経験〉を表します。

【日本語訳】

　　「でも、本当に、私はヘビじゃないんです！」とアリスは言いました。「私は ── 私は ──」

　　「ふん！ あんたは何だって言うんだい？」とハトは言いました。「分かってるよ、何かでっち上げようとしてるんだろう！」

　　「私は ── 私は、女の子です」アリスは半信半疑で言いました。というのもこの日経験してきた変化の数々を思い出したからです。

　　「いかにもな話だねえ！」ハトはばかにしきった口調で言いました。「これまで生きてきて女の子はたくさん見たけど、そんな首をした女の子なんて一人も見たことないよ！

"No, no! You're a serpent; and there's no use denying it. I suppose ①<u>you'll be telling me next that you never tasted an egg!</u>"

"I *have* tasted eggs, *certainly," said Alice, who was a very *truthful child; "but ②<u>little girls eat eggs quite as much as serpents do</u>, you know."

"I don't believe it," said the Pigeon; "but *if they do, *why, then they're a kind of serpent: that's all I can say."

語注 ....

certainly 副《譲歩：後ろの but と呼応して》確かに…だが

truthful 形 正直な、嘘をつかない　　　if they do　they = little girls、do = eat eggs

why 間《if …, why（then）…の形で》それでは、それなら《「なぜ」ではないことに注意》

解説講義

① 過去単純相と現在完了相／未来進行相　時制

　　you'll be telling 以下の骨組みは、間接目的語（me）＋直接目的語（that 節）。二つの目的語の間に置かれた副詞 next に惑わされないようにしましょう。

　　you never tasted an egg は完了形ではないものの「経験」を表していて、その証拠にアリスは直後で I have tasted eggs と反論しています。本来ならここも have never tasted とするのが正しいですが、口語では過去単純相で「経験」

を表してしまうことも少なくありません。

　will be telling は未来進行相。これは継続中の動作を表す通常の進行相の未来版とは別に、「意志に関係なく当然の成り行きとして起こること」を表す場合があります。ここもその用法で、ハトはアリスのこれまでの言動からすると当然次は「卵を食べたことがないと言い出すはずだ」と考えているわけです。ちなみに私がこの用例として一番に思い出すのは、新幹線の We will be stopping at Shin-Yokohama, Nagoya, … という車内アナウンス。機会があったら聞いてみてください。

② 原級比較／現在単純相 比較 アスペクト

　〈as 形／副 as A (is / does)〉で「Aと同じくらい…」を表す原級比較の構文。**文法的には前者の as が副詞であるのに対し、後者の as は接続詞なので、serpents do のように節を続けることが可能です**（do は eat eggs を受ける代動詞）。

　直前の I have tasted eggs が現在完了相であったのに対し、ここの eat は現在単純相になっています。**動作動詞の現在単純相はなかなかに個性的な相で、動作が現在行われているか否かに関係なく（これは進行相が担う）、現在の時間帯全体にわたって動作が繰り返し起こることを示しています。**ここでも「女の子」と「ヘビ」が卵を習慣的に食べることが話題にされていて、目下食べ途中かどうかは関係ありません。

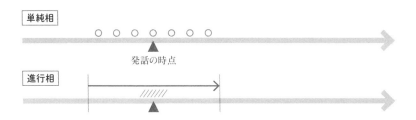

【日本語訳】
　「だめだめ！　あんたはヘビさ。否定しても無駄だよ。次は卵を食べたことがないって言い出すんだろう！」
　「卵は確かに食べたことがあります」とアリスは言いました。アリスはとても正直な子だったのです。「でも、女の子はヘビと同じくらいたくさん卵を食べるんですよ」
　「あたしゃ信じないよ」とハトは言いました。「でもそうだとしたら、女の子はヘビの一種じゃないか。そうとしか言いようがないよ」

*This was such a new idea to Alice, that she was quite silent for a minute or two, which gave the Pigeon the opportunity of adding, "You're looking for eggs, I know *that* well *enough; and ① what does it matter to me whether you're a little girl or a serpent?"

"It matters a *good deal to *me*," said Alice hastily; "but I'm not looking for eggs, *as it happens; and, ② if I was, I shouldn't want *yours*: ③ I don't like them raw."

"Well, *be off, then!" said the Pigeon in a *sulky tone, as it *settled down again into its nest.

語注 ....

This was such a new idea to Alice, that she was quite silent for a minute or two ⟨such A that 節⟩で「とても A なので…」という構文
enough 副 = fully
a good deal 《副詞的》とても ※ matter の目的語ではないことに注意 [☞ p.46]
as it happens たまたま、あいにく、実際には　　be off （主に命令文で）立ち去る
sulky 形 不機嫌な、むっつりした　　settle down 自動 身を落ち着ける、座る

110

解説講義

① 副詞のwhat 疑問文

it は形式主語で、whether 以下が意味上の主語。matterは「（…にとって）重要である」という意味の自動詞です。それではwhatの文法上の役割は何でしょう。**実はこのwhatは副詞でhow muchに近い意味**。matterやcareなど決まった動詞と共に用いられ、その度合いを尋ねます。まとめると、「お前が女の子かヘビかが、私にとってどの程度重要なのか」となりますが、これは正確な答えを期待しているわけではなく、「全然重要でない」ことを真意とする**修辞疑問文**です。

② if I wasのあとに省略されているのは? 仮定法

if I was の省略部分を補うと、if I was looking for eggs。if節が過去、主節の述語がshouldn't wantですから、仮定法過去の形。**wasがwereならより明確ですが、口語ではwasになることも多いです**。反実仮想を踏まえて訳せば、「（実際には探していないが）仮に私が卵を探しているとしても、あなたの卵は欲しくない」となります。

③ 〈like O C〉の構文 語法

like O Cで、「O が C であることを好む」。O＝Cという関係が成り立つことがポイントで、このようなCを目的格補語と呼びます。rawは形容詞で「生の」。まとめると「卵は生では好きじゃない」となります。これがアリスがハトの卵を欲しがらない理由だというのですから、ハトからしたらたまったものではありません。

【日本語訳】

　　これはアリスにとっては考えてもみないことだったので、一、二分、すっかり黙り込んでしまい、その隙にハトはこう付け加えることができました。「あんたは卵を探してるんだよ。あたしゃそれはよく分かってるさ。だったらあたしにとっちゃ、あんたが女の子だろうがヘビだろうがどうだっていいんだよ」

　　「私にとってはどうでもよくありません!」とアリスは慌てて言いました。「でもあいにく、私は卵を探してるわけじゃありません。それに探してたとしても、あなたのは欲しくありません。生で食べるのは嫌いなんです」

　　「じゃあどっか行きな!」とハトは不愉快そうに言い、巣の中へ戻りました。

文法をさらに深める

テーマ ➡ 再帰代名詞

"Explain yourself!"
"I can't explain *myself*,
because I'm not myself."

「代名詞（所有格 or 目的格）+ self」（myself, yourself, himself, herself, ourselves, yourselves, themselves）で作られる名詞を再帰代名詞（reflexive pronoun）と呼び、辞書等ではまとめて oneself と表記されます。再帰性とは、行為や指示が自分自身に向かうこと。英語では、主語と、目的語・補語・前置詞の目的語のいずれかが、同一の人・物であるとき、後者を再帰代名詞にするのが原則です。

次の二つの文を比較してください。

> She saw herself in the mirror. …❶
>
> She saw her   in the mirror. …❷

いずれも自然な英語ですが、意味は違います。❶は目的語が再帰代名詞なので、主語の she が鏡に映る自分の姿を見たということ。対して❷は、目的語が通常の代名詞の目的格なので、she と her は別人。鏡に映る自分以外の女性の姿を見たということです。

本章でアリスに取り憑く「私は誰？」という問い。こういう悩みを自己同一性（アイデンティティ）の危機と言ったりしますが、identity には identify という動詞形があり、再帰代名詞と共に使うことができます。She identified herself as Alice. と言えば、「彼女はアリスだと名乗った」ということ。つまりアイデンティティには、「自分が自分を…だと考える」という、再帰的な構造があるのです。

しかしいくら同一人物であろうと、主語と目的語は文法的には別物。そしてこの主語と目的語の距離が極端に開いてしまったのが、アリスの状況だと言えます。主語のアリスは、今朝からひと続きの記憶と意識を備えたアリス。目的語のアリスは、急な巨大化と矮小化を繰り返す体のアリス。普通は乖離しないはずのこの二つが、今日のアリスには、どうにも一致しないのです。

そういう次第で、I'm not myself. 同じと言えば同じだけど違うと言えば違う主語と再帰代名詞の関係には、探すとおもしろい事例がたくさん見つかります。

第6章

ブタとコショウ

Pig and Pepper

♦

イモムシがくれたキノコの効果で、ヘ
ビと見まがうばかりに首を伸ばしたア
リスは、卵を守るためヘビを撃退しよ
うとするハトと口論に。やがてハトか
ら解放されると、キノコの大きくなる側
と小さくなる側を交互にかじりながら
元の背丈に戻ります。再びきれいな
お庭への入り口を探して歩いていると、
自分の背丈よりも小さい家を発見。
今度はどんな生き物と出会うのでしょう。
この家にはどんな人たちが住んでい
るのでしょうか――。

あ！ サカナ顔の人が
いなくなってる！

ノックしてもムダじゃよ

え?

そのわけは2つある
第一に、わしはお主とドアの同じ側にいる

第二に、中でやつらが
大騒ぎしとるから、だれにも聞こえない

CRACK!
COUGH-
COUGH

...

どうしたら中に
入れますか?

ノックに意味があるのは
わしらの間にドアがあるときじゃ

わしはここに
座っておる…

あしたか…あさってまで

わたしはどうしたら
いいんですか?!

どうしたら中に
入れますか?

好きにしたらええ

☞ p.120 ｜ Story 16

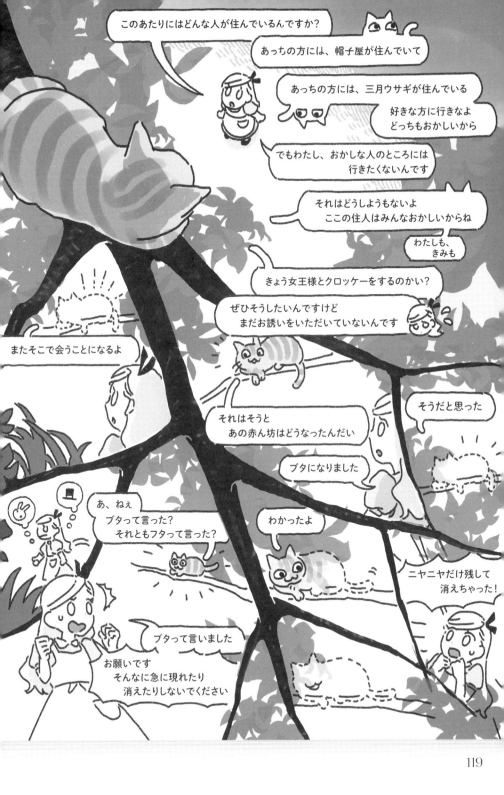

このあたりにはどんな人が住んでいるんですか?

あっちの方には、帽子屋が住んでいて

あっちの方には、三月ウサギが住んでいる

好きな方に行きなよ
どっちもおかしいから

でもわたし、おかしな人のところには
行きたくないんです

それはどうしようもないよ
ここの住人はみんなおかしいからね

わたしも、
きみも

きょう女王様とクロッケーをするのかい?

ぜひそうしたいんですけど
まだお誘いをいただいていないんです

またそこで会うことになるよ

そうだと思った

それはそうと
あの赤ん坊はどうなったんだい

ブタになりました

あ、ねぇ
ブタって言った?
それともフタって言った?

わかったよ

ニヤニヤだけ残して
消えちゃった!

ブタって言いました

お願いです
そんなに急に現れたり
消えたりしないでください

公爵夫人の家のドアの前に、カエル召使い（the Frog-Footman）がぽかんと座っている。アリスは家に入れてもらおうとノックする。

"*There's no sort of use in knocking," said the Footman, "*and that for two reasons. First, because I'm *on the *same side of the door as you are: secondly, ①because *they're making such a noise inside, no one could possibly hear you." And certainly there *was* a *most extraordinary noise going on *within──a constant *howling and *sneezing, and *every now and then a great crash, ②as if a dish or kettle had been broken *to pieces.

語注 ....

There is no sort of use in knocking　there is no use of doing で「…しても無駄だ」。
no sort of（sort は「種類」）は「いかようにも役立たない」という形で否定を強めている。
and thát《直前で言ったことを繰り返さず強意的に表す》しかも
on the... side of~　~の…側に
same　形《as と呼応して》…と同じ《as のほか that や which も可》
they　＝家の中で音を立てている人たち（この時点ではまだ誰がいるのか明らかになっていない）
most　形 定冠詞 the を伴わない形容詞の most は、最上級ではなく「とても」の意味。
within　副 中で　　　howl　自動 うなる、わめく　　　sneeze　自動 くしゃみする
every now and then《副詞的に》時折　　　to pieces　粉々に

解説講義

① no one could possibly hear youとbecause節の関係は？ 【構文】

まずは語句の確認から。insideは「中で」という意味の副詞、possiblyはcanと共に否定で用いて「どうあっても［とても］…ない」。また、youはアリス自身ではなく「アリスのノックの音」を指しています。

さて、because節とno one以下の節はどのような関係にあるでしょう。一見、「they're making …だからno one …」とつながるように見えるかもしれませんが、「彼らが中でひどい音を立てている」ことはむしろ「ノックしても無駄である」理由の二つ目。つまりbecause they're making such a noise insideはThere's no sort of use in knockingの理由を表す節といえます。

そう考えると、**no one could possibly hear youはbecause節に対する主節ではなく、because節のなかに含まれるのではないかという発想が出てきます。**そこで目をつけるべきはsuch a noiseのsuch。such ... that 〜で「とても…なので〜」という呼応関係を作り、接続詞のthatは省略することが可能です（ここではコンマに置き換わっている）。**つまりno one could possibly hear youはa noiseの大きさの程度を表しているのです。**

② as if節内の仮定法 【仮定法】

as if節内で過去完了が用いられているため仮定法。**「皿かやかんが粉々に割れたとは信じられない」という、視点人物アリスの確信度の低さを反映しています**[☞ p.61 ②]。**完了形は、音が聞こえた時点では割れるという出来事が終わった後であるという時間差を示しています。**

【日本語訳】

「ノックしても何の意味もないよ」と召使いが言いました。「しかも理由は二つある。第一に、わしはお主とドアの同じ側におる。第二に、中でやつらがひどい音を立てていて、だれもお主のノックの音なんて聞こえやしない」実際、中ではものすごい音がしていました ── 途絶えることのないわめき声やくしゃみの音、そして時折皿かやかんが粉々に砕けたような、がしゃんという音が聞こえてくるのです。

Story 16 のつづき　🔊 34

　"*Please, then," said Alice, "①how am I to get in?"

　"②There might be some sense in your knocking," the Footman went on, without *attending to her, ②"if we had the door between us. For instance, if you were *inside*, you might knock, and I could let you out, you know." He was looking up into the sky *all the time he was speaking, and ③this Alice thought decidedly uncivil. "But perhaps he *can't help it," she said to herself; "his eyes are so *very* nearly at the top of his head."

語注

please 副《文頭で》すみませんが　　attend 自動（…に）注意を払う(to)
all the time《接続詞的に》…の間中ずっと
cannot help it　仕方がない、止むを得ない《help は「避ける」の意味》

解説講義

① 〈be＋to不定詞〉の用法 不定詞

　　am to get in は〈be＋to不定詞〉の形。〈be＋to不定詞〉は「予定、義務・

必要、運命、可能」などを表しますが、ポイントは「❶未来に起こること」かつ「❷第三者的に決定されていること」を表すという点です。これを頭に入れた上で、あとは前後との兼ね合いを見ながら理解すればいい。今回であれば、❶家の中にはこれから入る、かつ❷その入り方は召使いや家の住人によって決められている（とアリスが考えている）ことが読み取れ、「入るにはどうすればよいですか」（必要）、「どうすれば入れますか」（可能）などのように解釈できます。[☞ p.132]

② 仮定法に注意して意味をとらえよう 仮定法

　might / if ... hadで仮定法過去の文（間の地の文に惑わされないよう注意）。 senseは「意義、道理」、文全体では「われわれの間にドアがあれば、君がノックするのも意味があるだろう（が、実際には二人はドアの同じ側にいるので無意味）」となります。その次の文も仮定法で、「君が中にいれば、君がノックしたら、私が外に出してあげられる」（andは〈命令文＋and〉で「そうすれば」を意味する使い方に近い）。実際にはアリスは「中に」いないのでこれも反実仮想です。それにしても、普通は訪問者のアリスが中に入れてもらうはず。あべこべの発想が可笑しいところです。

③ 文構造に注意して意味をとらえよう 構文

　　　this Alice thought decidedly uncivil
　　　O　　S　　　V　　　　　　　C

目的語が文頭に置かれ、直前で述べられた「召使いが話している間中ずっと空を見上げていること」（＝this）がこの文の主題であることを明確にしています。 decidedlyは「疑いの余地なく」、uncivilは「不作法な」。think O Cで「O＝Cと思う」です。

【日本語訳】

　「では、中に入るにはどうしたらいいでしょうか」とアリスは言いました。
　「ノックに何か意味があるとすれば」と、召使いはアリスの質問に耳を傾けず続けました。「わしらの間にドアがある場合じゃ。たとえばお主が内側にいるとして、ノックすれば、わしがお主を外に出してやることができるじゃろう」召使いは話している間中ずっと空を見上げていて、これをアリスはどう考えても無作法だと思いました。「でももしかしたら仕方ないのかも」とアリスは思いました。「この召使いの目は頭のほぼてっぺんについているんだもの」

召使いに頼んでも埒が明かないので、アリスは自分で公爵夫人 (the Duchess) 邸のドアを開ける。

The door led *right into a large kitchen, which was full of smoke from one end to the other: the Duchess was sitting on a three-legged *stool in the middle, ①*nursing a baby: the cook was leaning over the *fire, ①*stirring a large *cauldron which seemed to be full of soup.

"②There's certainly too much pepper in that soup!" ③Alice said to herself, as well as she could for sneezing.

②There was certainly too much of it in the *air*. Even the Duchess sneezed *occasionally;

語注 ....

right 副 すぐ、じかに　　stool 名 (背もたれのない) 腰掛け

nurse 他動 (子どもなどを) 抱く　　fire 名 (料理用の) 炉火

stir 他動 かき混ぜる　　cauldron 名 大鍋　　occasionally 副 時々

解説講義

① nursing a baby ／ stirring a large cauldron 分詞

　いずれも分詞構文。進行形の述語の続きではないことに注意してください（その場合 and（was）nursing / and（was）stirring となるはず）。nursing / stirring の直前に主語が置かれていないため、分詞の主語は主節の主語と同じです（nursing ⇒ the Duchess、stirring ⇒ the cook）。

② 2つの certainly：コショウはどこにある？ +α

　certainly は「きっと」と事実に基づく確信を表す語。アリスが「きっとあのスープにコショウが入りすぎてるんだ！」と考えた言葉を、語り手が that soup を the air に変えつつなぞっています。in the air はそれ自体では「空中に」という普通の表現ですが、「スープの中だけでなく空中にまで！」というのは意外性があり、「中に」のイメージもやや異なる。さらに**アリスの certainly はあくまで推測の域を出ないのに対し、語り手の certainly は事実を知った上で使っているわけで、アリスと語り手の微妙なすれ違いがおもしろいところです。**

③ said to herself の意味に注意しよう 語法

　〈as 形／副 as S can〉は「できる限り…」。for は関連するものや考慮の対象を示す用法で、全体としては「くしゃみをしているなかでできる限りうまく say to herself した」ということです。さて、say to herself は通常「心の内で言う」という意味ですが、いくらくしゃみをしていてもそれなら問題なくできるはず。というわけで、**ここでは声に出して独り言を言った（だからこそ苦労した）と考えるのが自然でしょう。**

【日本語訳】

　　ドアを開けるとすぐそこが大きな台所になっていて、端から端まで煙が充満していました。台所の真ん中で侯爵夫人が三本足の椅子に座って、赤ん坊をあやしていました。料理人はかまどの上にかがみこみ、スープがいっぱいに入った大鍋をかき混ぜていました。

　　「きっと、あのスープにコショウがたくさん入りすぎてるんだ！」アリスはくしゃみをしながらなんとか言いました。

　　確かに、空中にコショウがたくさん浮いていました。公爵夫人でさえ時々くしゃみをしています。

| Story 17のつづき | 🔊 36 |

and *as for the baby, it was sneezing and howling alternately without a moment's pause. *The only two creatures in the kitchen that did *not* sneeze, were the cook, and a large cat, which was lying on the hearth and *grinning from ear to ear.

"①Please would you tell me," said Alice, a little *timidly, for ②she was not quite sure whether it was good manners for her to speak first, "why your cat grins like that?"

"It's a Cheshire-Cat," said the Duchess, "and ③that's why. Pig!"

語注 ....

as for 前《文頭に置かれ、新しい話題を導入して》…について言えば《文中に置かれ、前置詞 about(「…について」)と同様に用いられる as to との違いに注意》
The only two creatures only は複数名詞も修飾可。　　grin from ear to ear 両耳に届くほどにんまりと笑う　　timidly 副 怯えて、びくびくして(<timid 形)

解説講義

① 丁寧さを表す仮定法 仮定法

相手への依頼を表す言い方に Will [Can] you ...? がありますが、will(can)

をwould（could）と仮定法にすると、「もしよろしければ」というニュアンスが入るため丁寧度が増します。

② 文構造に注意して意味をとらえよう 不定詞

whether節内、itが形式主語で、意味上の主語はfor her to speak firstです。to不定詞の主語は前置詞forで導き、toの前に置くことを確認しましょう。また、mannerは複数形で用いて「作法、礼儀」の意味になります。

③ that is why と that is because 関係詞

学習者の混乱を誘ってやまないthat is whyとthat is because。この手のものは一度仕組みを理解しておくと後で混乱せずに済みます。まずこの**whyは関係副詞（〈前置詞＋関係代名詞〉と同じ働きをする**[☞ p.67]）で、先行詞にとれる名詞は reason のみ。reason は、前置詞 for と共に用いられます（❶）。

It is a Cheshire-Cat for the reason.　…❶

That is the reason　for which　it is a Cheshire-Cat.　…❷

That is the reason　　why　　　it is a Cheshire-Cat.　…❸

❷のfor which（前置詞＋関係代名詞）と❸のwhy（関係副詞）が入れ替え可能。そして❸においては、the reasonかwhyの一方を省略することが可能です。

以上から、that is whyとはthat is the reason why、つまり「それは（…の）理由だ」であることが分かります。このthe reasonさえ見えれば、thatが理由、why以下が結果だということがはっきりしますね。that is because...はこの逆で、thatが結果、because以下が理由です。

なお、that is why...はよく「それだから…だ」のように訳されます。これと「それは…の理由だ」の論理構造が同じであることを確認してください。

【日本語訳】

赤ん坊はというと、一瞬の間もなく、くしゃみとわめくのを交互に繰り返していました。台所にいるなかでくしゃみをしなかったのは、料理人と、暖炉の前で横になって耳から耳まで裂けるほどニヤニヤ笑っている猫だけでした。

「すみませんが」とアリスはおずおずと話しかけました。というのも彼女は、自分から先に口を開くのが礼儀正しいのかどうか、自信が持てなかったのです。「あなたの猫はどうしてあんなふうにニヤけているんですか?」

「あれはチェシャ猫だよ」と公爵夫人は言いました。「だからさ。ブタ!」

Story 18　　　　　　　　　　　🔊 37

アリスは食器や調理器具の飛び交う台所から赤ん坊を救出するが……。

Alice was just beginning to think to herself, "Now, ① what am I to do with this creature, when I get it home?" when it *grunted again, so violently, that she *looked down into its face in some *alarm. ② This time there could be *no mistake about it*: it was *neither more nor less than a pig, and she felt that it would be quite absurd for her to carry it any further.

　So she set the little creature down, and felt quite relieved to ③ see it trot away quietly into the wood.

語注 ……………………………………………………………………………………

grunt 自動 (ブタが)ブーブー言う
look down into at や on でなく into が用いられることで、「覗き込む」というニュアンスが加わる。
alarm 名 不安、恐れ
neither more nor less than …以上でも…以下でもない=まさに…

解説講義

① 〈be＋to不定詞〉に注意 不定詞

　〈do A with B〉は、Aをwhatとする疑問文で用いて「Bをどう扱う［処理する］か」という意味。〈be＋to不定詞〉については［☞ p.123 ①］で述べた通りで、ここでも、❶未来について、❷アリスの個人的願望ではなくより一般的にどうすべきかを話題にしています。

　〈get＋O＋場所・方向の副詞句〉は「Oを…へ連れて行く」。赤ん坊を指すthis creatureがitで受けられています。なお、get it homeするのは未来のことですが、時の副詞節なのでwillは用いられていません。

② itは何を指す？ ＋α

　gruntという語からも分かる通り、この赤ん坊がブタなのではないかという疑いはすこし前から生じていて、itはその疑念を漠然と指しています。couldは、否定で「…であるはずがない」という意味を表すcanの過去時制。客観的な事実というよりも、アリスの心内で生じた確信を表現しています。

③ see O doとsee O doingの違い 語法

　see O do/doingは「Oが…するのを見る」という意味ですが、doが原形か-ing形かでは表される内容に違いが出ます。原形の場合はその動作ひとまとまりを見たことを表し、その動作が最後まで行われたことが暗示されます（つまりアリスはブタが森に消えるまで見送ったのです）。対してdoingの場合は進行中の動作を見たことを表し、その動作が最後まで行われたかは不明です。この差はおおむね単純相と進行相の差に対応します［☞ p.92］。

【日本語訳】

　アリスはこう思い始めたところでした。「さて、家まで連れて帰ったら、この子をどうすればいいんだろう？」そのとき、赤ん坊がまたブーブー言い始め、それがあまりに激しいので、アリスは不安になって顔を覗き込みました。今度はもう間違えようがありません。それはどこからどう見てもブタだったのです。アリスは、これ以上連れて行くのはまったくばかげていると思いました。

　それでアリスはこの小さな生き物を地面に下ろし、それが静かに森へ駆けて行くのを見て、実にほっとしました。

"If it had grown up," she said to herself, "it would have *made a dreadfully ugly child: but it makes rather a *handsome pig, I think." And ①<u>she began thinking over other children she knew, who might do very well as pigs</u>, and ②<u>was just saying to herself</u> "if *one only knew the right way to *change them—" when she was a little *startled by seeing the Cheshire-Cat sitting on a *bough of a tree a few yards off.

語注

make　[他動]《評価形容詞を伴う名詞を補語にとって》…になる

one（話者を含む）「人」一般を指す

change them ──　"into pigs"と続けるつもりのセリフ

startle　[他動]…を驚かせる《受け身にした場合の前置詞はatかby》

bough [báu]　[名]大枝

解説講義

① 2つの関係詞節の修飾関係に注意 関係詞

think overは「…をよく考える、吟味する」。doは「ちょうどよい、間に合う、足りる」を意味する自動詞の用法で、do very well as pigsは「ブタとして十分通る」＝「ブタになったらお似合いだ」ということ。mightは可能性・推量を表しています。

（whom）she knewとwho might do very well as pigsという関係代名詞節は2つともother childrenにかかっています。whoの前にコンマがあるので後者を非制限用法と取りたくなりますが、それだと「アリスは知り合いの子を思い浮かべた。その子たちは（みんな）ブタとしても通りそうだった」となり、さすがに残酷すぎます。コンマはandと同等の機能を持つと考え、「知っているなかでブタとしても通りそうな子を思い浮かべた」というように両方制限用法としておくのが無難でしょう。

② 〈主節（進行形）＋when節〉の形 +α

下線部①以下の長い文の骨組みを抜き出すと、次のような構造になっています。

And she began …, and was just saying to herself …,

when she was a little startled ….

andでつながれた主節2つに時の従属節が続く形です。この中で真ん中のwas just saying to herselfが進行形になっているのはなぜでしょう。それはアリスが「心の内で呟く」という動作が進行中だという状況を設定し、その中で「驚く」という出来事が生じたと言うため。つまりこうした〈主節（進行形）＋when節〉という組み合わせでは、主節が「地（背景）」で、when節が「図」となるのです。

【日本語訳】

「もしあの子が大きくなっていたら」とアリスは思いました。「恐ろしく醜い子どもになっていただろうな。でも、ブタとしてはまあまあ立派じゃないかしら」そうしてアリスは、知り合いのなかで、ブタが似合いそうな子どもたちに考えを巡らせ始めました。「あの子たちを変えちゃう正しい方法がわかりさえすれば ── 」とアリスが考えていたそのとき、チェシャ猫が数ヤード離れた木の大枝の上に座っているのを見て、アリスはすこし驚きました。

How am I to get in?

〈be + to 不定詞〉は「未来に起こること」を表すと解説しました。実はこれはbe動詞とセットの場合に限った話ではなく、to不定詞全般に通じる特徴です。

よく比較される次の例文を見てみましょう。

They stopped **eating** ice cream. ── ❶

They stopped **to eat** ice cream. ── ❷

❶は「彼らはアイスクリームを食べるのをやめた」、❷は「彼らはアイスクリームを食べるために立ち止まった」。この違いはどのように説明できるでしょうか。

❶のeating ice creamは動名詞（–ingがついて名詞化した動詞）で、stopの目的語になっています。大切なのはstopとeatが起こるタイミングで、stopよりもeatが過去に、あるいはstopの瞬間にeatがほぼ同時に起きています。**動名詞はこのように、同時性や過去性を表すという特徴があります。**

他方、❷のto eat ice creamは「目的」を表すto不定詞の副詞的用法ですが、stopよりもeatが後に起きるはずです。つまりstopする段階では、まだeatは起こっていない。**この「未だ起こっていない」という〈未然〉のアスペクトが、to不定詞のもつ時間性なのです**（これは歴史的に見て、to不定詞のtoが〈方向〉を表すtoから来ていることからも理解できます）。

ここで、英語や他の多くの西洋語が、事実として確定した事柄とそうでないステータスの事柄との区別に敏感な言語であるという特徴を押さえておきましょう。だからこそ、直説法での叙述（I did...）を中心とする前者に対し、後者の領域を表す文法項目 ── 仮定法や助動詞がその代表 ── が様々に用意されているのです。そしてto不定詞も、そのひとつと捉えることができます。to不定詞が担う「未だ起きていない」事柄の領域は、「事実として確定」していない広大な領域の一部なのです。

狂ったお茶会
A Mad Tea-Party

◆

コショウが漂いフライパンや皿が飛ん
でくる公爵夫人の家から、アリスはブ
タのように泣く子どもを助け出しますが、
やがて本物のブタになってしまったの
で、道ばたに放します。木の上でニ
ヤニヤ笑うチェシャ猫にどの方向へ
行けばいいか相談すると、帽子屋と
三月ウサギを紹介され、どちらもおか
しいから好きな方に行けばいいとのこ
と。迷った末に三月ウサギの家に向
かうと、そこでは何やらおかしなお茶
会が開かれているようです——。

チェシャ猫と別れて森を進むと
耳のような煙突の大きなおうちを見つけました

アリスもキノコをかじって
大きくなってから近づきます

そこにはヤマネをひじ掛けがわりにした
帽子屋と三月ウサギの姿がありました

ヤマネさんはいやだろうな…
ねむってるから気にならないのかな

席はない！ 席はないよ！

いくらでもあるじゃないの！

君、髪を切った方がいいよ

人のことを
とやかく言うのは
よくないですよ
失礼だわ

ワインはいかが？

ワインなんて
ないじゃないですか

☞ p.140 │ Story 19

全くわからんね

俺もだ

ええ？
時間をもう少しまともに使えないの？
それを答えのないなぞなぞなんて
無駄なことに使ったりしないで

もし〈時間〉のことを
私と同じくらいわかっていれば、
それなんて言ったりはしないはずだ

あの方と言うはずだよ

意味がわからない

そうだろうよ！
君は時間さんに話しかけたことすら
ないだろうからね

多分ありません

でも音楽の授業では拍子を打つけど

ああ！それだ！あの方は
打たれるのが嫌いなんだ
いい関係を保てさえすれば
時計を好きなようにしてくれるよ

たとえば今が授業の始まる
午前9時だとしよう
時間さんにお願いしたら
一瞬で時計の針がぐるり！

1時半！お昼の時間だよ！

そうならいいのに

☞ p.144 │ Story 20

137

確かにすごい…
いつもそうしているんですか？

してないんだよ！
3月にケンカしてしまったんだ
ハートの女王様の
大コンサートで私は歌った
そしたら
女王様がお怒りになって

「こやつは拍子(タイム)を殺している！
首をはねろ！」と言った

それ以来、時間さんは
頼んでも何もしてくれない…
ずっと6時のままなんだよ

それでお茶の道具が出しっ放しに…

この話は飽きてきた
話題を変えよう
ヤマネに話させよう！

昔々、三人姉妹がいました
名前はエルシー、レイシー、ティリーといい
井戸の底に住んでいました──

お茶をもっとどうぞ

まだ何もいただいていません
だからもっとは飲めないわ

何も飲んでないなら
もっと飲むのは簡単だろう

あなたの意見は聞いてない

人のことをとやかく
言うのは失礼なんじゃ？

☞ p.148 | Story 21

🔊 39

アリスが三月ウサギの家に向かうと、そこでは「狂ったお茶会」が開かれていた。

There was a table ①<u>set out</u> under a tree in front of the house, and the *March Hare and *the Hatter ②<u>were having tea at it</u>: a *Dormouse was sitting between them, *fast asleep, and ③<u>the other two</u> were using it as a cushion, resting their *elbows on it, and talking *over its head. "Very uncomfortable for the Dormouse," thought Alice; "only as it's asleep, I suppose it doesn't *mind."

語注 ··

March Hare　三月ウサギ。繁殖期を迎えると狂ったように飛び跳ねることに由来する as mad as a March hareという成句から。

the Hatter　帽子屋。帽子職人がしばしば発狂したことに由来する as mad as a hatterという成句から。

Dormouse　ヤマネ。フランス語で「眠る」を意味するdormirに由来し、このヤマネもしょっちゅう居眠りする。

fast 副 ぐっすりと（眠る）

elbow 名 ひじ

over 前 …越しに、…の上を越えて

mind 自動 いやだと思う、気にする

140

解説講義

① 名詞を修飾する分詞の位置 [分詞]

set outは「きちんと並べる（置く）」という意味の他動詞。ここではa table を修飾する過去分詞です［☞ p.81 ②］。

なお、現在／過去分詞で名詞を修飾する際、分詞を名詞の前と後どちらに置くかは、その分詞のフレーズの語数で決まります。

- ・1語なら名詞の前：a <u>standing</u> girl
- ・2語以上なら名詞の後：a boy <u>standing over there</u>（前置するとboyと standingのつながりが見えにくいため）

set outという分詞は「どこに」を表すunder a tree in front of the houseまで含めてひとまとまりのフレーズで、合計10語なので後置されています。

② 進行相にできるhave [進行相]

haveは「持っている」という状態を表す動詞ですから、通常は進行相になりません（進行相自体が動作動詞を「状態」化するためのものです［☞ p.92］）。しかしここのhaveはteaを目的語にとり「飲む」という動作を表している。そのため**進行相にして「飲んでいる途中」の状態を表すことが可能です**。

また、at itのitは「テーブル」を指しており、at the tableは「席（食卓）についている」というときの一般的な組み合わせです。

③ the other twoにtheがついている理由は？ [語法]

テーブルにいるのは、帽子屋、三月ウサギ、ヤマネの三人（？）。the other twoは直前に言及されたヤマネ「以外の二人」ですから、**必然的に帽子屋と三月ウサギに特定されます**。other twoに定冠詞theがついているのはそのためです。

【日本語訳】

　　家の前の木の下にテーブルが置かれ、三月ウサギと帽子屋がそこでお茶を飲んでいました。ヤマネは二人の間に座り、ぐっすり眠っていて、他の二人はヤマネをクッションがわりに使い、肘を乗せて、その頭越しにしゃべっているのでした。「ヤマネさんにとってはすごくいやだろうな」とアリスは思いました。「でも眠ってるから、気にならないかも」

Story 19のつづき 🔊 40

The table was a large one, but the three were all *crowded together at one corner of it. "No room! No room!" they cried out when *they saw Alice coming. "There's *plenty* of room!" said Alice *indignantly, and she sat down in a large *arm-chair at one *end of the table.

"Have ①some wine," the March Hare said in an encouraging tone.

Alice looked all round the table, but there was nothing on it *but tea. "I don't see ①any wine," she remarked.

"There isn't any," said the March Hare.

"Then ②it wasn't very civil of you to offer it," said Alice angrily.

語注 ・・・

crowd 他動 …を(…に)詰め込む、押し込む
they saw Alice coming アリスが近づいてくる途中の姿を見たということ [☞ p.129 ②]
indignantly 副 激怒して(<indignant 形)　　arm-chair 名 肘掛け椅子
end 名 端　　but 前 …を除いては(=except)。nothing but で「…しかない」の意。

解説講義

① someとanyの使い分け 語法

　肯定文ならsome、否定文や疑問文ならanyと習うsomeとanyの使い分け。実質的な基準になっているのは、モノが事実として「ある」か（some）、「あるかどうかわからない」か（any）です。あるモノに関して否定したり（「持っていない」）問いを発したり（「持っている？」）する場合、そのモノの存在が少なくとも未決の状態、不確定な状態になる。そのことがanyによって示されるのです。

　英語は、事実として確定しているか否かの差にきわめて敏感な言語。その区別はしばしば動詞周辺で示されます（仮定法［☞ p.252］やto不定詞［☞ p.132]）が、some / anyはその名詞版と捉えることができます。

② to不定詞の主語：ofかforか 不定詞

　civilは「礼儀正しい」という意味の形容詞。

　〈It is 形 for/of A to do〉で、**to不定詞の主語をforで導くかofで導くかよく問題になるところ。基準は「A is 形」という言い換えが成り立つかどうかで、成り立てばof、成り立たなければfor**です。ここではyou are civil（あなたは礼儀正しい）と言えるのでof。「礼儀正しさ」はofferという行為だけでなく、「あなた」の性質でもあるからです（最終的にはnotで否定されますが）。対してIt is difficult for me to solve the problem.のようなケースではI am difficult.とは言い換えられず、「難しい」のは「問題を解くこと」だけです。

【日本語訳】

　　テーブルは大きいのですが、三人とも隅っこに固まっていました。アリスがやってくるのを見ると、彼らは「場所は空いてないよ! 空いてないよ!」と大声を上げました。「空いてる場所ならいくらでもあるじゃないの!」とアリスはひどく怒って言い、テーブルの端にあった大きな肘掛け椅子に座りました。

　　「ワインを飲みな」と三月ウサギは促すように言いました。

　　アリスはテーブルを見渡しましたが、お茶以外は何もありません。「ワインはないようですが」とアリスは言いました。

　　「ないよ」と三月ウサギは言いました。

　　「じゃあワインを勧めるのは失礼なんじゃないですか」とアリスは怒って言いました。

答えのないなぞなぞ (riddle) を出されたアリスはうんざりした様子で……。

Alice sighed wearily. "I think ① you might do something better with the time," she said, "① than wasting it in asking riddles that have no answers."

"② If you knew Time as well as I do," said the Hatter, "② you wouldn't talk about wasting *it*. It's *him*."

"I don't know what you mean," said Alice.

"Of course *you don't!" the Hatter said, *tossing his head contemptuously. "*I dare say ③ you never even spoke to Time!"

語注 ....

you don't = you don't know what I mean

toss 他動 (頭を) ツンとそらす《軽蔑・苛立ちなどを表す仕草》

I dare say 多分、おそらく (≒ I suppose)

解説講義

① 相手への不満を表現するmight 仮定法

mightは「したらいいのに」と相手への不満を表明する用法。現実にはして いないことをやればいいのにと言うところに仮定法の色合いが強く出ています [☞ p.252]。

② 仮定法と直接法の混合／「時間さん」の呼び方 仮定法

典型的な仮定法の文で、「君がもし私と同じくらい時間さんのことをよく知ってい たら」と事実に反する仮定をしています。ただし、**knewが仮定法過去であるのに 対してdo（＝know time）は直説法現在。これは、「私（帽子屋）が時間さん をよく知っている」のは帽子屋にとって確定した事実だからです。**

帰結節で問題になっているのは「wasteしたこと」ではなく、アリスが時間をit と呼んだこと。「時間さん」をよく知っていたら「waste itについて話す（＝itという 呼び方をする）なんてありえない、himと呼ぶはずだ」というわけで、帽子屋はit とhimを強調し、「時間」を人扱いするように求めています。なお、**wasteはここ では前置詞aboutの目的語なので、−ing形＝動名詞になっています。**

③ 完了相の代用としての過去単純相 完了形

過去時制の単純相ですが、意味の上では「経験」を表しています（neverが ヒント）。本来ならyou have never even spoken to Timeと言うべきところですが、 **口語では現在完了相が過去単純相にスライドしてしまうことも少なくないことは、** [☞ p.108 ①] でも確認しました。

【日本語訳】

　　アリスはうんざりしてため息をつきました。「時間をもっとうまく使ったらいいのに」とアリ スは言います。「答えのないなぞなぞなんか出してそれを無駄にするんじゃなくて」

　　「君が私と同じくらい時間さんのことをよく知っていたら」と帽子屋は言いました。「それを 無駄にするなんて言い方はしないはずだ。彼だからね」

　　「何を言っているのか分かりません」とアリス。

　　「もちろんそうだろうよ！」帽子屋はばかにしたように頭をそらしながら言いました。「きっと 君は、時間さんと話したことすらないんだろう！」

| Story 20のつづき | ◁)) 42 |

"*Perhaps not," Alice cautiously replied; "but I know I have to *beat time when I learn music."

"Ah! That *accounts for it," said the Hatter.

"①He *won't stand beating. Now, if you only kept *on good terms with him, he'd do almost ②anything you liked with the clock. For instance, *suppose it were nine o'clock in the morning, just time to begin lessons: you'd only have to whisper a hint to Time, and ③round goes the clock *in a twinkling! Half-past one, time for *dinner!"

語注

Perhaps not. = Perhaps I have not spoken to him.　　beat time 拍子（リズム）を取る
account for 他動 …（の原因）を説明する ※ That accounts for it. ≒ I understand now why it happened.　that＝アリスが beat time すること、it ＝アリスが時間さんと一度も話したことがないこと
will 助〈習性・習慣〉を表す
on ... terms with A　Aと…な関係にある（in ... terms「…の観点からすると」との混同に注意）
suppose《接続詞的に》仮に…としよう（≒if）《直説法も仮定法も可》
in a twinkling またたく間に
dinner 名 dinner は「一日のなかでメインとなる食事」を指し、それを昼にするなら昼食が dinner。19世紀においては階級が低いほど dinner の時間が早かったとされる。

解説講義

① stand beating：動名詞と態 　語法

　stand doingは多くの場合否定文で「…することを我慢する」。目的語の beatingに関して、主語のhe＝Timeはbeatの客体なのだから受け身（being beaten）にすべきなのでは？というのは真っ当な疑問。しかし動名詞では動詞が 名詞化して態（能動・受動）の機能が弱まることから、本来受け身にすべき目的語 を能動にするこのような構文がやや例外的に存在します。他にbear、require、 need、deserveなどの動詞、worthなどの形容詞が同様の構文をとります。

② 肯定文で用いられるany 　語法

　p.143でanyは否定・疑問文で使用されると解説しましたが、**anyは肯定文 で用いられると「何でも」という意味を表します**。これは一見前の解説と矛盾する ようですが、「何でも」には仮定の意味が含まれるため、「存在の事実が確定して いない」という点では一貫しています。「あなたが望むことは何でも」というのは、具 体的に実在するものを指しているわけではありません。

③ round goes the clock：倒置 　倒置

　標準的な語順ではthe clock goes round in a twinklingですが、roundが 前に、主語のthe clockが後ろに移動しています。**goやcomeなど運動を表す 短い動詞でこういう倒置が起きやすく、文頭に出たroundが目立つと同時に、 語調が良くなるという効果があります**。帽子屋の話の流れのなかで、「こんなすご いことが起こるのだ！」という盛り上がりが演出されています。

【日本語訳】

　「たぶんないと思います」とアリスは慎重に答えました。「でもわたし、音楽を習うときは拍（タイム） を取（ビート）らないといけないことは知っています」

　「ああ！それでわかったよ」と帽子屋。「彼は叩（ビート）かれるのに我慢できないんだ！でも、もし 時間さんといい関係でいさえすれば、時計に関してはほとんど何でも君が望むようにしてく れるんだよ。例えば、朝の9時、ちょうど授業が始まる時間だとする。時間さんに一言ささや くだけで、一瞬のうちにぐるっと時計が回るのさ！1時半、お昼ご飯の時間だよ！」

Story 21　　　　　　　　　　　　◁)) 43

帽子屋（the Hatter）は、「時間さん」（Time）の機嫌を損ね、
言うことを聞いてもらえなくなってしまった経緯を語る。

"—— it was at the great concert given by the
Queen of Hearts, and I had to sing

'①*Twinkle, twinkle, little bat!*
How I wonder what you're at!'

［中略］

'②*Up above the world you fly,*
Like a tea-tray in the sky.
　Twinkle, twinkle —— '"

解説講義

① 詩の読解に挑戦 ＋α

　『アリス』に出てくる数々の詩の中から短いものをひとつ。確認しておきたいのは、**詩だからといって特殊な言語で書かれているわけではないこと。文法の規則通りに読めば意味をつかむことができます**。

　twinkleは「（星などが）またたく」という意味の自動詞。p.146ではin a twinklingの形で出ていました。主語なしの動詞ですから命令文で、その後のlittle batは呼びかけです。次の行、〈How S V!〉の形で用いられるhowは感嘆文。〈wonder＋疑問詞〉は「…かしらと思う」、atには「…をしている」という意味があり（be at itで「（ケンカなどに）精を出している」）、全体としては「君は何をしてるんだろう！」となります。

しかし、「またたけ、コウモリさん」とはどうにも奇妙。さらにwhat you're atは表現として見慣れない感じがします。実はこの詩には元ネタがあり、日本では「きらきら星」として知られる作品。本来の詩行は "Twinkle, twinkle, little star, / How I wonder what you are!" でした。starがbatに変わり、それに合わせてtwinkleも「ひらひら飛ぶ」という派生的な意味に変化（それでも美しいチョウではなくコウモリとの組み合わせなのはやはり滑稽ですが）。また、areが're atに変わったのは脚韻（行末で音を揃えること）が関係しており、star / areなら［ɑː］で同じ音だったところ、1行目末尾がbat［bæt］になったので2行目を強引にat［æt］に変えたのです。このように**元ネタを面白おかしく改変してしまう技法をパロディと言い、『アリス』に出てくる詩は大半がこれ。一見ふつうの詩なのに読めば読むほどわけがわからなくなるというこの不思議な感覚が、パロディ詩の醍醐味です。**

② 詩の後半部分 語法

　前置詞句 Up above the world が文頭に出ていますが、標準的な語順に直せば You fly up above the world となります。**この語順変更のおかげで、行末（fly / sky）が押韻できていることを確認してください。**

　tea-trayは「茶盆」で、おそらく「お茶会」に引っ張られて出てきた語。likeは「…のように」で、全体としては「コウモリは空に浮かぶ茶盆のように上空を飛ぶ」……なんのこっちゃです。これも原詩では星に関わる素敵な比喩でした。この2行のオリジナルを掲げておくので、どこがどう変わったか、比べてみてください。"Up above the world so high, / Like a diamond in the sky."

【日本語訳】

　「――ハートの女王様が催された盛大なコンサートでのことだった。私は歌うことになっていたんだ、

　　きらきら、きらきら、コウモリさん！
　　いったい何をしているの！
　　［中略］
　　ずっと高いとこを飛ぶ、
　　お空に浮かぶ茶盆のように。
　　きらきら、きらきら――」

Here the Dormouse shook itself, and began singing in its sleep *"Twinkle, twinkle, twinkle, twinkle——"* and went on so long that they had to pinch it to make it stop.

"Well, ①I'd hardly finished the first verse," said the Hatter, "①when the Queen *bawled out 'He's ②murdering the time! *Off with his head!'"

"How dreadfully *savage!" *exclaimed Alice.

"And *ever since that," the Hatter went on in a *mournful tone, "③he won't do a thing I ask! It's always six o'clock *now."

語注 ....

bawl out 〔他動〕怒鳴る
Off with ...! …を取れ（"Off with his head!"「首を切れ！」はハートの女王の口癖）
savage 〔形〕野蛮な、残酷な
exclaim 〔他動〕突然叫ぶ
ever since 《前置詞的に》…以来ずっと
mournful 〔形〕（特に死んだ人や失ったものに対して）悲しそうな
now 〔副〕「たった今」ではなく、「（過去と比較して）今では」ということ

解説講義

① 〈hardly ... when 〜〉の構文 構文

〈hardly ... when [before] 〜 〉は「…するや否や〜」という意味の表現。主節は過去完了形、when [before] 節は過去形が一般的で、ここでもhardlyの直前の'dはhadの短縮形です。

verseは「韻文」一般を指す名詞ですが、ここでは詩の「連」の意味。p.148で読んだのがその「第1連」です。

② murder the timeとは? +α

kill timeといえば「暇を潰す」という慣用句。ハートの女王はこれを下敷きに、murder the timeというフレーズを「時間を無駄にしている」という意味の誇張表現として作ったわけですが、時間は「帽子屋はわしを殺そうとしているのか!」と誤解して激怒、という流れ。

③ 〈固執〉を表すwill 助動詞

p.146で出てきた〈習性・習慣〉のwillと近い用法で、**won'tはより強く、主語の意志による〈固執〉（「どうしても…したがらない」）を表す**ことがあります。未来の特定の時点ではなく、現在の時間帯全体のことを述べている点に注意してください。

（which）I askは、a thingにかかる関係代名詞節。何か特定の頼み事を念頭に置いているわけではないので、不定冠詞がついています。

【日本語訳】

　　ここまでくるとヤマネが体を揺らし、眠ったまま「きらきら、きらきら、きらきら、きらきら──」と歌い始め、いつまで経っても続けるので、ヤマネをつねってやめさせなければなりませんでした。

　　「さて、一番が終わるか終わらないかというところで」帽子屋が言いました。「女王様が急に立ち上がり、『あやつは時間を殺している! 首を切れ!』と怒鳴ったんだ」

　　「なんて野蛮なの!」とアリスは叫びました。

　　「そんなわけでそれ以来」と帽子屋は悲しそうに続けました。「私の頼み事を何ひとつきいてくれないのさ! 今ではずっと6時のままなんだよ」

文法をさらに深める
テーマ → 副詞相当語句 (adverbial)

"But they were *in* the well," Alice said to the Dormouse [...].
"Of course they were," said the Dormouse; "—— well *in*."

お茶会の後半、ヤマネはアリスたちに、糖蜜の井戸 (the well) に住む三人姉妹のお話を披露します。この姉妹は糖蜜を井戸から汲み上げて暮らしていると言うヤマネに、アリスが「その姉妹は (1) 井戸の中にいたんでしょ?」と尋ねると、ヤマネが「(2) かなり中にね」と答える。well に「かなり」と「井戸」の全く異なる意味があることを利用した言葉遊びです。

しかし注目したいのは (1) in the well と (2) well in の共通点の方。前者は〈前置詞＋名詞〉、後者は〈副詞＋副詞〉で組成が異なる表現ですが、意味や機能は概ね同じです。どちらも they were の後で、三姉妹の「居場所」を示している。このように前置詞句と副詞は文法的に同じ役割を担い、まとめて副詞相当語句 (adverbial) と呼ばれます (副詞類、副詞句とも)。

ご存じの通り、いわゆる5文型では、この副詞相当語句に居場所が与えられていません。そのため軽く考えがちですが、**実は副詞相当語句が必要不可欠という場合も少なくない**。お茶会でのあまりにぞんざいな応対に怒って出てきたアリスが、森を歩きながら口にするのが次の言葉。

I'll never go *there* [＝to the tea-party] again!

there と again が副詞ですが、両者の地位には大きな差があります。again はなくても構わないけれど、there はそうではありません。go は通常〈行き先〉の語句なしでは使えず、あえて単体で用いると「いなくなる」など別の意味になってしまう。つまりこの文で there という副詞は、省くことができないのです。

このように副詞相当語句が省略不可能なケースは実際には珍しくありません。there のような副詞は節を完成させる (complete) ために必要な補語＝C (complement) ともみなしえます。動詞が名詞 (目的語) や形容詞 (補語) だけでなくどのような副詞相当語句を要求するかは、各動詞の用法を学ぶ際のきわめて重要なポイントです。

女王のクロッケー場

The Queen's Croquet-Ground

◆

帽子屋、三月ウサギ、ヤマネのトリオ
がひらく〈狂ったお茶会〉に参加した
アリス。答えのないなぞなぞを解いた
り、怒ってヘソを曲げてしまった時間
さんについて教わったり、糖蜜の井戸
の底に住む3人姉妹の話を聞いたりと、
あれやこれやで大騒ぎ。けれど最後
はこのお茶会の〈おかしさ〉に耐えら
れず、怒って出てきてしまいます。そ
んなアリスの目の前に現れたのは扉
のついた木の幹。なかに入るとそこに
は最初の大広間があって──

お茶会をあとにして森を進むと
扉のついた木の幹が現れました

その後、庭師たちも首を
切られそうになりましたが
アリスが助けました

お主、クロッケーはできるか？

はい！

なら来い！

そしてアリスも行列に加わり
一行はクロッケー場へと向かいます

ねぇ
公爵夫人はどちらに？

あの方は死刑宣告を受けたんだ

なんでですか？

公爵夫人は女王様を平手打ちしたんだ

え〜！　くっくっく

シー！

p.160 | Story 22

Story 22

◁)) 45

ハートの女王 (the Queen) 主催のクロッケー (*croquet) の試合が始まる。

"*Get to your places!" shouted the Queen in a voice *of thunder; and ①people began running about in all directions, tumbling *up against each other: however; they ②got settled down in a minute or two, and the game began.

Alice thought she had never seen such a curious croquet-ground in her life: ③it was all ridges and furrows: the croquet balls were *live *hedgehogs, and ④the *mallets live flamingoes, and the soldiers had to *double themselves up and stand *on their hands and feet, to make the arches.

語注 ‥‥‥

croquet 芝生のコートで、木製のボール (ball) を木づち (mallet) で打ち、一定の順に配置された柱門 (arch) を通過させる競技。1850年代のイギリスで急速に人気を博し、キャロルもよくアリス・リデルら姉妹とクロッケーを楽しんだ。

get 自動 (…に) 着く、移動する (to)《go と比較して、get は到着地点に関心がある》

of 前 …という性質を持つ　　up against 前 …にぶつかって、接触して

live [láɪv] 形 生きている　　hedgehog 名 ハリネズミ　　mallet 名 木づち

double up 他動 半分に折る、たたむ　　on 前 (体の一部)に支えられて

解説講義

① 〈副詞＋前置詞句〉で場所を具体的に表現する **語法**

aboutは副詞で「あちこちに」、in all directionsはそれを具体化しています。このようにまず副詞で大雑把に方向や場所を示し、そのあと前置詞句でそれを具体的にするというパターンはよく出てきます。（例：live here in Tokyo, look down into the box）

② 〈get＋過去分詞〉で表す受動態 **語法**

〈get＋過去分詞〉は受動態の変形で、〈be＋過去分詞〉が状態と動作・変化をどちらも表すのに対し、〈get＋過去分詞〉では動作・変化に主眼があります。参加者が「1、2分で定位置につく」という変化が起こったことが、getによって明確になっています。

③ it was all ridges and furrows **語法**

itは直前のa croquet-groundを受けています。ridgeは「畝（うね）」でfurrowは「溝」、合わせて「でこぼこ」。allは〈be all＋名〉の形で「ただ…だけの、…に満ちた」という強調的な意味を表すので、全体としては「グラウンドはどこもかしこもでこぼこばかりだった」となります。

④ 省略されたwereを発見しよう **構文**

the malletsとlive flamingoesという2つの名詞句が連続していてぎょっとするかもしれませんが、直前のthe balls were live flamingoesと同じ構造だと気づければ、malletsのあとにwereが省略されていると見抜けるはず。

【日本語訳】

「位置につけ！」女王様が雷のような声で叫ぶと、みなが四方八方に走り出し、お互いにぶつかって転びました。しかし一、二分後には位置につき、試合が始まりました。

アリスは、こんなおかしなクロッケーの競技場はこれまで見たことがないと思いました。どこもかしこもでこぼこだらけ。クロッケーのボールは生きているハリネズミで、木づちは生きているフラミンゴ。兵士は体を折り曲げて手と足で立ち、柱門を作らないといけないのです。

①The chief difficulty Alice found at first was in *managing her flamingo: ②she *succeeded in ③getting its body tucked away, comfortably enough, under her arm, with its legs hanging down, but *generally, ④just as she had got its neck nicely *straightened out, and was going to give the hedgehog a blow with its head, ⑤it *would* twist itself round and look up in her face, with such a *puzzled expression that she could not help *bursting out laughing;

語注

manage 他動 (道具など)をうまく使いこなす　　succeed in doing 動 …に成功する
generally 副 たいてい (= usually)　　straighten out 他動 真っ直ぐにする
puzzled 形 混乱した、戸惑った　　burst out doing 動 突然…し始める

解説講義

① 文構造に注意して意味をとらえよう 構文

　Alice found at firstはdifficultyにかかる関係詞節。文全体としてはThe chief difficulty ... was in ...「主たる困難は…にあった」という構造です。inが入る理由が分かりにくいかもしれませんが、「…における困難」の意味で

difficulty in doingとする定型的な組み合わせが念頭に置かれています。

② 長い文を読むときは文の骨組み（主語・述語）を意識しよう 構文

she succeeded 以下長い文ですが、こういう時は文の骨格（主語・述語）を見失わないようにするとよいです。（Ⅰ）she succeeded …, but …（Ⅱ）as she had got …, and was going …,（Ⅲ）it *would* twist … and look ….このうち大枠（主節）は「（Ⅰ）, but（Ⅲ）」。後半の（Ⅲ）に時（as）の従属節（Ⅱ）がかかっています。

③ （Ⅰ）〈get O C〉／付帯状況のwith 構文

〈get O + C〉は「OをC（の状態）にする」で、以下繰り返されます。its body のitsは her flamingo を指しており、tuck awayは「…をしまい込む」。with its legs hanging downは付帯状況 [☞ p.67] を示し、「（フラミンゴの）足は垂れ下がっている（＝足は tuck away されていない）」ということ。

④ （Ⅱ）アスペクトに注意 アスペクト

had gotと was going to giveのアスペクトに注目しましょう。**前者は完了相なので、「（フラミンゴの）首」はすでに「伸びて」いる、つまり打つ準備は完了しています。後者の was going to は未来時制の表現ですが、ここでは「今まさに打とうとしている」というように目下の状況への視線を多分に含んでいます。**

⑤ （Ⅲ）〈過去の習慣〉を表すwould 構文

wouldは〈過去の習慣・固執〉を表す用法。動詞の表す事柄が「**繰り返し起きた**」という点がポイントで、ここではそれへの非難の気持ちも含まれています。

【日本語訳】
　アリスが最初にもっとも苦労したのは、フラミンゴをうまく扱うことでした。足を下に垂らしておいて、胴体を腕の下にすっぽりしまい込むのはうまくいくのですが、首をまっすぐにして、いざ頭でハリネズミを打とうとすると、決まってフラミンゴが丸まってしまい、アリスの顔を見上げて困ったような表情をするので、アリスは吹き出さずにはいられないのでした。

Story 22のつづき　　　　　　　　　　　　　🔊 47

and, when she had got its head down, and was
going to begin again, it was very *provoking to
find that ①the hedgehog had *unrolled itself, and
was *in the act of *crawling away: besides all this,
②there was generally a ridge or a furrow in the
way wherever she wanted to send the hedgehog to,
and, as the ③doubled-up soldiers were *always
getting up and walking off to other parts of the
ground, Alice soon came to the conclusion that it
was a very difficult game *indeed.

語注

provoking 形 腹が立つ、癪に障る（＜provoke 他動 怒らせる）
unroll 他動 広げる、開く《unは「反対」の接頭辞。roll（「巻く」）したものを広げるということ》
in the act of doing …している最中の　　crawl 自動 這って進む
always 副 alwaysと共に用いられた進行形は頻発する出来事を表し、しばしば苛立ちの感情を伴う。
indeed 副《veryと呼応し、文末に置いて》実に、まったく

解説講義

① アスペクトに注意 アスペクト

完了相（had unrolled）の後に進行中の動作を表す述語（was in the act

of crawling away）が続く、p.163（Ⅱ）で見たパターン。ボール役だったはずのハリネズミはすでに「体を開き」終え、目下「這っていなくなる」ところ。そのことに、ようやくフラミンゴを手なずけたアリスが「気づく」（find）というわけです。**ハリネズミに目を戻したアリスが「あっ!」となる感じを読み取ってください。**

② where節内のto 構文

generallyは「たいてい」。in the wayは「邪魔になる」（on the wayとの混同に注意）。whereverは「どこへ［で］…しようとも」という譲歩の用法［☞ p.83 ①］。まとめると「ハリネズミをどこに転がそうとしても、たいてい邪魔になる畝か溝があった」となります。

気をつけたいのが最後のto。whereとその合成語は基本的に副詞であり、副詞は〈前置詞＋名詞〉と同等ですから、通常where節内に前置詞は不要です。しかしwhereには〈方向〉、〈目的地〉、〈場所〉のいずれも表しうるという曖昧さがあるため、**where節内にtoを置いて〈目的地〉の意味を明確にすることがあります。**疑問文を例にすると、Where are you going（to）？でtoがなければ「どの方向へ行くの?」の可能性もありますが、toがあれば確実に目的地を尋ねているとわかります。

③ ハイフンの機能 語法

double upは「二つに折り曲げる」という意味の他動詞で、ここでは過去分詞として、兵士が体を曲げて柱門（arch）になっていることを表しています。**注目してほしいのはdoubleとupの間のハイフン（-）で、この記号には複数の語をつなぎ形容詞化する機能が備わっています。**blue-eyed、nice-lookingのような分詞語句以外にも、an out-of-work miner、a shoot-to-kill policyのように様々な語句をなかば強引につないで連体修飾語を作ることができます。

【日本語訳】

そこで頭を下げさせ、もう一度打とうとすると、とても苛立たしいことに、ハリネズミが体を伸ばしており、這って逃げていくところなのでした。さらには、ハリネズミをどこに転がそうと思っても決まってでこぼこが邪魔になり、体を二つ折りにした兵士たちがしょっちゅう立ち上がったり競技場の別の場所へ行ってしまったりするので、アリスはすぐに、これは本当に難しいゲームだという結論に至りました。

Story 22のつづき　　　　　　🔊 48

The players all played *at once, without waiting for *turns, quarrelling all the while, and fighting *for the hedgehogs; and ①in a very short time the Queen was in a *furious *passion, and ②went *stamping about, and shouting "Off with his head!" or "Off with her head!" about once in a minute.

語注 ....

at once 副 同時に、一斉に

turn 名 順番、打順

for 前 …を求めて

furious 形 怒り狂った、猛烈な（＜fury 名 激怒、猛烈）

passion 名 愛・欲望・憎悪・怒り・恐怖・悲しみ・喜び・希望など、様々な種類の強烈な感情を指す。ここでは「怒り」。

stamp 自動 足を踏み鳴らして歩く

解説講義

① inの時間に関する用法 前置詞

時間に関する**in**は、簡単なようで意外とややこしい。大別すると用法は3つ。（a）時期・期間（in winter, in 2023）、（b）経過、（c）…の間のうちで（主にアメリカ英語：in 20 years）。**このうち特に注意を要するのは（b）で、これは（b-1）未来時制で使えば「（現在から）…後に」（I will be back in ten minutes.）、（b-2）過去時制で使えば〈期間の終点〉を示し「…後には、…経って」となります**。本文のinもこの（b-2）の用法で、「ひじょうに短い時間の後には（＝すぐに）、女王は怒り狂っていた」となります。

② go doingの用法 語法

go doingには「…しに行く」という意味もありますが、ここでは「…しながら行く」という意味です。「足を踏み鳴らしながら歩き回る」というように、go aboutする（「あちこちへ行く」）様子をstampingで補足的に説明しているわけです。

【日本語訳】

選手たちはみな順番を待たず一斉にプレーして、たえず口論し、ハリネズミを取り戻そうとケンカしているのでした。いくらも経たないうちに女王様は怒り狂い、足を踏み鳴らしながら歩き回って、「その男の首を切れ！」または「その女の首を切れ！」と、一分に一度は叫んでいました。

• Story 23 •

🔊 49

アリスがクロッケーの試合から戻ってみると、頭だけ現れたチェシャ猫の首切りをめぐって、
死刑執行人（the executioner）、王様（the King）、女王様（the Queen）の3人が議論を交わしている。

*The moment Alice appeared, she was *appealed to by all three to *settle the question, and they repeated their *arguments to her, ①though, as they all spoke at once, she found it very hard to make out exactly what they said.

　The executioner's argument was, that *you couldn't cut off a head unless there was a body ②to cut it off from: that he had never had to do such a thing before, and ③he wasn't going to begin at *his *time of life.

語注 ....

the moment 《接続詞的に》…するとすぐに

appeal to O to do 動 O に…するよう訴える、求める ※ appeal to のような〈動詞＋前置詞〉
のフレーズも1つの他動詞のように扱って受動態にすることができる。

settle 他動 (論争などを)解決する

argument 名 主張

you 《総称用法》話し手、話し相手を含めた一般の人々を指す

time of life 人生のなかの時期＝年齢

解説講義

① 形式目的語のit 構文

〈find O C〉でOの位置にあるのが形式目的語it、意味上の目的語はto make out以下。make outは目的語に疑問詞節をとって、「聞き分ける、理解する」の意味。「(みんなが同時に喋るので)彼らが何を言っているのか、正確に聞き取ることは至難の業だった」というこの箇所は、**各自が思い思いのことを喋るだけで一向に意思疎通が成立しない『アリス』の世界を象徴するような一節**です。

② to cut it off from：名詞を修飾するto不定詞の構成 不定詞

to不定詞の形容詞的用法で、a bodyを修飾しています。fromのうしろに名詞がないことに注意してください。**修飾される名詞がto不定詞句のなかに含まれていた場合、その名詞が脱落するのは、関係代名詞のときと同じです。**

cut it off from a body ➡ a body to cut it off from △

you cut it off from a body ➡ a body which you cut it off from △

こうした箇所は、訳文をこねくり回して理解しようとするとかえってややこしくなりがちなので、原文をよく見て、英語の構造をつかむことを優先してください。

③ 話法に注目 +α

The executioner's argument 以下、三者三様の主張が〜's argument was that ...の形で述べられていきます。注目すべきは彼らが発した言葉が、時制や人称代名詞の最小限の変更を施されるのみで、そのまま地の文に移し換えられていること[☞ p.22 ①]。下線部③からは**死刑執行人の "I am not going to begin at my time of life." という発話が透けて見え、his (my) の強調も死刑執行人の発話に元からあったと推察できます。**

【日本語訳】

アリスが現れると、三人全員がこの問題に決着をつけてくれと頼んできました。彼らは自分の主張をアリスに改めて訴えたのです。もっとも、みんなが一斉に喋るので、何を言っているのかきちんと聞き取るのがアリスにはすこぶる難しかったのですが。

死刑執行人の主張はこうでした。頭を切り離す元の胴体がなければ、頭を切ることはできない。そんなことをしたことは一度もなく、この歳になって始めたくはない。

The King's argument was that ① <u>anything that had a head could be *beheaded</u>, and that ② <u>you weren't to talk nonsense</u>.

The Queen's argument was that, if something wasn't done about it *in less than no time, ③ <u>she'd have everybody executed</u>, *all round. (*It was this last remark that had made the whole party look so *grave and anxious.)

語注

behead [他動] …の首を切る

in less than no time すぐに、一刻の猶予もなく(=very soon) ※〈経過〉の in [☞ p.167 ①]

all round 全員に

It was this last remark that had made the whole party look so grave and anxious. 強調構文(This last remark had made the whole party….という文の主語 this last remark を It was の後に置くことで際立たせている)[詳しくは ☞ p.181 ①]

grave [形] 深刻な、心配そうな

解説講義

① 肯定文で用いられるanythingに注意 `語法`

肯定文で用いられるanyは、「どれでも、なんでも」という意味になるのでした [☞ p.147 ②]。また、先行詞がanyを含む物の場合、関係代名詞はwhichではなくthatが好まれます。

② 〈be＋不定詞〉／直接話法と間接話法 `不定詞`

〈be＋to不定詞〉は「❶未来に起こること」、「❷第三者的に決定されていること」を表すのでした [☞ p.123 ①]。これから先（❶）、そんな馬鹿なこと（nonsense）は言うべきではない（❷）と、youが果たすべき〈義務〉を述べています。

ここで王様は執行人の主張に真っ向から反論しており、nonsenseは執行人の主張を、youは執行人を指すと考えられます。キングが発した言葉を復元すると "you aren't to talk nonsense" となり、間接話法の原則に則れば、youはheに変えるべきですが、ここでは王様の言葉がそのまま残り、直接話法にやや近づいています。

③ 〈have O done〉：使役動詞 `語法`

〈have O done〉は「Oを…させる」という〈使役〉の表現（getも同じ構文をとる）。基本的には専門的な業者や目下の者に何かをさせるときに用います。この〈have O done〉は他に〈被害〉や〈完了〉を表すこともあり、その都度見分ける必要があります。

executeは「…を実行する」という一般的な意味だけでなく、「…を処刑する」という狭い意味を持ったなかなかに強烈な動詞です。

【日本語訳】

王様の主張はこうでした。頭がある者の頭を切ることは可能なはずであり、ばかなことを言ってはいけない。

女王様の主張はこうでした。いますぐ何か対処しないなら、全員、一人残さず処刑する。（この最後の言葉のせいで、一同は深刻で不安そうな様子なのでした。）

文法をさらに深める

テーマ ➡ 隠れた主語・述語

英語の文の骨格は、何はともあれ主語・述語。複雑な文で迷子になったら、とりあえずこれを探すのが一番です。

ですが主語・述語のセットは、文の核になるだけではありません。副次的な部分で、形式的には主語・述語でなくても、意味上はそうなっている場合がよくあります。例えば本章 p.162 に出てきた次の一節。

she succeeded in getting <u>its body tucked away</u> …

下線を引いた get の目的語と補語の間には、its body was tucked away (「胴体はしまわれた」) という主述の関係が想定されています。これは、〈V O do／doing／done／to do の形をとる動詞 (make、have、get、find など) 全般に言えることです。

あるいはその後に続く、付帯状況の with (with O C)。

with <u>its legs hanging down</u>

下線部の its legs と hanging down の間にもやはり、its legs were hanging down (「足は垂れ下がっていた」) という関係が成り立っています。

C に相当する部分が、動詞でなければいけないわけでもありません。p.180 で見る次の一節もそうです。

Alice was very glad to find <u>her in such a pleasant temper</u> …

in such a pleasant temper は前章のコラムで取り上げた前置詞句 (副詞相当語句) で、なければ意味が変わってしまう不可欠な成分。この前置詞句と her の間にも主述の関係が成り立っており、アリスは「彼女がそれほど上機嫌である」ことに気づいたのです。そういうわけで find 以下は、find that she was in such a pleasant temper と言い換えることが可能です。

以上はいずれも〈目的語 + 補語〉、あるいはそれに準じるフレーズが、〈主語・述語〉として捉えられるというパターンでした。最後にひとつ、派生的な例を。

"Have some wine," the March Hare said in an <u>encouraging</u> tone.

前章 p.142 で見た文ですが、このほぼ形容詞化している分詞 encouraging にも、tone を主語とする動詞としての性格が残っています。the tone encouraged Alice to have some wine という連なりが透けて見えると、この encouraging の意味合いがだいぶクリアになりますね。

海亀もどきのお話
The Mock Turtle's Story

◆

念願叶ってついに〈きれいなお庭〉に入れたアリス。そこにいたのはトランプカードの一団でした。気に入らないことがあるとすぐ「首を切れ!」と絶叫する女王様に誘われてクロッケーの試合に参加しますが、みんなが思い思いの動きをするため、てんやわんやで大騒ぎ。そんなところにチェシャ猫が現れ、ほっとしたのもつかの間、今度はチェシャ猫が王様、女王様を怒らせてしまいます。猫の処分を決めるため、いまは女王様を平手打ちした罪で牢屋に入れられている、飼い主の公爵夫人を呼んでくることになり、アリスは公爵夫人と再会します。

175

☞ p.184 | Story 25

179

チェシャ猫の処遇を決めるために飼い主として呼び出された公爵夫人と、アリスは再会を遂げる。

"You can't think how glad I am to see you again, you dear *old *thing!" said the Duchess, as she *tucked her arm *affectionately into *Alice's, and they walked off together.

Alice was very glad to find her in such a pleasant *temper, and thought to herself that perhaps ①it was only the pepper that had made her so savage when they met in the kitchen.

"②When *I'm* a Duchess," she said to herself, (not in a very hopeful tone, *though), "I won't have any pepper in my kitchen *at all*.

語注 ....

old 形《親愛の情を示す呼びかけで用いて》なじみの、親しい

thing 名《愛情・非難などを込めて；形容詞の後で》人

tuck 他動 押し込む

affectionately 副 愛情［親しみ］を込めて（＜affectionate 形）

Alice's = Alice's arm　　temper 名（一時的な）気分、機嫌

though 副《文中・文尾で》…だけど《前後にコンマを置くことが多い》

180

解説講義

① 強調構文／完了相 　構文

　　the pepperに焦点を当てた強調構文です。**強調構文の作り方は単純で、元の文のなかで強調したい要素（名詞や前置詞句）をIt is［was］の後に、残りをそのままthat（またはwho/whom/which）の後に置くだけ**。今回なら、The pepper had made her so savage... という元の文から主語のthe pepperが取り出され、it wasの後に置かれています。強調構文はこのように文を二つに分裂させて作られることから、**分裂文（cleft sentence）**とも呼ばれます。

　　had madeという過去完了相は、この文が話題にしている時点（「台所で二人（＝アリスと公爵夫人）が会ったとき」）において、「コショウが公爵夫人を残忍にする」という変化が完了していたこと、すなわちすでに「公爵夫人が残忍だった」ことを示しています。会ったのが変化後だったため当時はわからなかったその原因を、コショウだったのだと突き止める一文です。

② 直接法に込められた意味 　+α

　　「私が公爵夫人になったら、台所にはコショウを一切置かないようにしよう」という一文（when節内ではwillを用いないことに注意。not... at allは「まったく…ない」）。これはあまりに実現可能性が低い未来予想で、アリスもそのことは自覚しているので「ありえなそうだ（not ... hopeful）という口調」なわけです。**それなら仮定法を使うべきでは？ というのは正しい感覚ですが、だからこそそれをあえて直説法で言っているのがポイント**。仮に半信半疑だとしても、構えとしては実際に自分が公爵夫人になる未来を想定しているのが可笑しいところです。

【日本語訳】

　　「再会できてどれほど嬉しいか、お主にはわからんじゃろう。久しぶりじゃなあ！」と公爵夫人は言いながら、親しげに腕をアリスの腕に絡めてきて、二人は一緒に歩き出しました。

　　アリスは公爵夫人の機嫌がこんなにいいのでとても嬉しくなり、もしかしたら台所で会ったときにあれほど残忍だったのは、コショウのせいに過ぎなかったのかも、と考えました。

　　「私が公爵夫人になったら」とアリスは心の中で呟きました（あまり期待はもてなそうだけどという口調ではありましたが）。「台所にコショウはいっさい置かないようにしよう。

| Story 24のつづき | 🔊 52 |

Soup *does very well *without——Maybe ①it's always pepper that makes people hot-tempered," she went on, very much pleased at having found out a new kind of *rule, "②and vinegar that makes them sour—— and camomile that makes them bitter—— and—— and barley-sugar and such things that make children sweet-tempered. I only wish people knew *that*: *then they wouldn't be so *stingy about it, you know——"

語注 ....

do well うまくいく ➡（スープが）おいしくなる

without 前 …なしで ※アリスはこのあとpepperと続けるつもりだったが、意識が次の考えに移ったため最後まで言い切らない

rule 名 法則

then they wouldn't be so stingy about it アリスの願望を表す仮定法の文。then「そうだったら」は直前の文を受けて実質的に仮定を表し（=if people knew that）、it は barley-sugar を指す。

stingy 形 けちな、出し惜しみする

解説講義

① アリスの発想の源は慣用句!? ┼α

前ページでも見た強調構文で、hot-temperedは「癇癪持ちの、怒りっぽい」。**「人を怒りっぽくさせているのは決まってコショウだ」というこの擬似科学めいた発想の出どころは、実はpepperという言葉そのもの。** 英語にはtake pepper in the noseやsnuff pepperで「イライラする、怒る」という意味の慣用表現（初出は1400年頃）があり、公爵夫人がコショウを吸ったこと（＝字義通りの意味）が、そのまま「イライラ」（＝比喩的、慣用的意味）に帰結しているわけです。

すでにある世界を言葉で表現するのではなく、言葉から世界ができてしまうのが「不思議の国」の成り立ち方。その意味で『アリス』は、言葉を学ぶのにこれ以上ない教材と言えるかもしれません。

② アリスの思考は続く ┼α

①の強調構文の続きで、vinegar、camomile、barley-sugarの前にit isを補って読む必要があります。ここでアリスは「pepper ➡ hot-tempered」と同型の組み合わせを3つ出しています。

- ・vinegar（酢）➡ sour（酸っぱい ➡ 気難しい、不機嫌な）
- ・camomile（カミツレ）➡ bitter（苦い ➡ 敵意のある、痛烈な）
- ・barley-sugar（大麦あめ）など ➡ sweet-tempered（甘い ➡ 穏やかな、優しい）

食品の味を表す語が、気分や性格を表す派生的・比喩的な意味を持っていて、アリスは当該の食品を口にした人は自動的にその気質になるのではないか、と考えるのです。**物理的な状態や性質を表した語が、その意味を次第に精神的なものや非物質的なものへと拡大していくのは、英日問わずありがちなパターンですが、そこからは私たちが言葉を介して世界をどう認識しているかの一端を垣間見ることができます。**

【日本語訳】

スープはコショウがなくても全然 ── もしかしたら、人が癇癪を起こすのはいつだってコショウのせいなのかも」とアリスは続け、新たな法則のようなものを発見したのがとても嬉しくなって、「お酢なら酸っぱい顔に ──カミツレなら苦々しく ──キャンディーとかなら子どもは甘く優しくなる。みんながそれを知っていればなあ。そしたらあんなにケチケチしないでキャンディーをくれるはずだもの ──」

◦ Story 25 ◦   ◁)) 53

混乱を極めたクロッケーの試合がついに終わりを迎える。

*All the time *they were playing the Queen never *left off quarrelling with the other players, and shouting "Off with his head!" or "Off with her head!" ①Those whom she sentenced were taken into *custody by the soldiers, who of course had to leave off being arches to *do this, ②so that, ③by the end of half an hour *or so, there were no arches left, and all the players, except the King, the Queen, and Alice, were in custody and under *sentence of execution.

語注 ………………………………………………………………………………

all the time 《接続詞的に》…している間中ずっと

they ＝クロッケーの試合の参加者

leave off doing 動（…するのを）やめる、中断する

custody 名 拘留

do this ＝ take those whom she sentenced into custody

or so …くらい、…ほど

sentence 名 宣告、判決《under sentence で「宣告を受けている」》

解説講義

① 関係代名詞whomの用法　関係詞

　thoseの後に修飾語（関係詞、形容詞、分詞）を付けることで、「…な人々（もの）」という意味になります。

　whomは関係代名詞で、先行詞が人であり、かつ関係詞節中で動詞および前置詞の目的語の役割を果たす場合に用いられます。今回であれば、先行詞のthoseは「誰に」死刑宣告するかを示すsentencedの目的語に当たりますから、whomが使われています。

　whomは時代が下るにつれ使用頻度が落ちており、whoで代用する場合が増えていますが、フォーマルな英語ではいまだに用いられています。

② so thatの用法：目的／結果　構文

　so thatは接続詞として用い、〈目的〉か〈結果〉を表します。見分け方の原則は、**節内に助動詞が使われていれば〈目的〉、使われていなければ〈結果〉**。目的意識は主体の心的態度ですから助動詞と結びつきやすく、結果は確定した事実なので助動詞なしの直説法による叙述と親和性が高いです。本文はthere were ...なので〈結果〉。

③ byの用法　語法

　時に関するbyは〈期限〉を表します。byと(un) tilの違いが（共に「…まで」と訳されるため）よく問題になりますが、**byは動作・状態がその時点以前のどこかの時点で終わっていることを示し、untilは動作・状態がその時点まで続くことを示します**。

【日本語訳】

　試合中ずっと、女王様は片時も休むことなくほかの競技者とケンカをしては、「あの男の首を切れ！」、「あの女の首を切れ！」と叫んでいました。女王様に死刑宣告された者たちは、兵士に引っ立てられて拘留され、兵士たちは当然そうするために柱門役を中断しなければならないので、三十分もすると柱門はひとつも残らず、競技者は、王様と女王様とアリスを除いて、全員拘留され、死刑宣告を受けていました。

Story 25のつづき　　　　　　　　　　　　　　　◁)) 54

Then the Queen left off, quite *out of breath, and said to Alice "Have you seen the Mock Turtle *yet?"

"No," said Alice. "I don't even know what a Mock Turtle is."

"①It's the thing Mock Turtle Soup is made from," said the Queen.

"I never saw one, or *heard of *one," said Alice.

"*Come on, then," said the Queen, "and ②he shall tell you his history,"

As they walked off together, Alice heard the King say in a low voice, to the *company *generally, "You are all *pardoned."

語注 ....

out of breath　息を切らして　※程度に段階がないため、直前の quite は「すっかり」

yet 副《疑問文で》すでに、もう　　hear of 動 …のこと［存在］を聞く、…の噂を聞く

one　= a Mock Turtle　　Come on. 来い。ついて来い。

company 名《集合的》人の集まり、一同、一団《単複両扱い》

generally 副（ほぼ）全員に、全体に　　pardon 他動 許す、赦免する

解説講義

① Mock Turtleとは？／make A of/from B `+α`

Mock Turtle Soupとは、ウミガメで作るTurtle Soupに似せた、子牛を素材とするスープのこと。つまりMock Turtle Soupは「Mockな（偽の）Turtle Soup」であって、「Mock TurtleのSoup」ではありません。が、見かけだけで考えれば、後者であってもおかしくはない。こうして**料理名から強引に生み出されてしまった生き物がMock Turtle**だというわけです。

「（素材・材料）から…を作る」という場合、make A of/from Bという表現があり、ofは材料の質が変化しない場合（例：The chair is made of wood.）、fromは材料の質が変化し原形を留めない場合（例：Paper is made from wood.）に用いられます。

文のつくりとしては（which）Mock Turtle Soup is made fromが the thingを修飾する関係詞節で、先行詞のthe thingは前置詞fromの目的語に相当します [☞ p.67 ③]。

② 2・3人称主語と共に用いられるshall `助動詞`

shallを2・3人称の主語と共に用いた場合には、主語ではなく、話者の意志を表します。「海亀もどきが身の上話をしたがっている」のではなく、発話者である女王様が「海亀もどきに身の上話をさせよう」と考えているということです。

【日本語訳】

そのとき、女王様はひどく息切れしながら中断し、アリスにこう言いました。「海亀もどきにはもう会ったかい？」

「いいえ」とアリス。「海亀もどきが何なのかも知りません」

「海亀もどきスープの材料さ」と女王様。

「見たことも、聞いたこともありません」とアリス。

「それじゃあついて来な」と女王様。「あやつに身の上話をさせよう」

二人が一緒にその場を立ち去るときアリスは、王様が一同に声を落として「全員釈放じゃ」と言うのが聞こえました。

• Story 26 •　　　　　　　　　　　　　　　🔊 55

グリフォン（the Gryphon）に促された海亀もどき（the Mock Turtle）は、
アリスに悲しい身の上話を語り始める。

"*Once," said the Mock Turtle at last, with a deep sigh, "I was a *real Turtle."

①These words were followed by a very long silence, broken only by an *occasional *exclamation of "*Hjckrrh!" from the Gryphon, and the constant heavy *sobbing of the Mock Turtle. Alice was very nearly getting up and saying "Thank you, Sir, for your interesting story," but she could not help thinking ②there *must* be more to come, so she sat *still and said nothing.

（語注）⋯⋯⋯⋯⋯⋯⋯⋯⋯⋯⋯⋯⋯⋯⋯⋯⋯⋯⋯⋯⋯⋯⋯⋯⋯⋯⋯⋯⋯⋯⋯

once 副 かつて

real 形 本物の　※ここでは「mockと反対」という趣旨

occasional 形 時たまの　　exclamation 名 叫び声（＜exclaim 動）

Hjckrrh この世に存在しない単語。どのような音なのか想像してみてください。

sob 自動 むせび泣く　※海亀は産卵時に涙を流すと言われ（実際には目付近の塩類腺による余分な塩分の排出とされる）、つねに悲しげにむせび泣く海亀もどきの造形はこの生態を踏まえています。

still 形 静止した、動かない

解説講義

① brokenは分詞構文？ 構文

　A→Bの順番で出来事が起きたことを、B follows A、またはA is followed by Bで表すことができます。つまり出来事の順序と書かれた順番が一致するのは、後者の受け身形だということです。

　broken以下は一見分詞構文に見えますが、注意が必要。**分詞の直前に主語が置かれていない場合、その分詞の主語は主節の主語と同一というのが原則**でした。しかしそれに則ってthese wordsを主語と考え、海亀もどきの「言葉」が「グリフォンの叫び声と海亀もどきのむせび泣きに破られた（broken）」とするのはどうにも変。ここは「とても長い沈黙」が破られたのだと考えたいところです。

　そんなわけで、ここは分詞構文ではなく、silenceを修飾する分詞と考えた方がよさそう。書き換えるなら関係詞の非制限用法（a very long silence, which was broken...）が近いでしょう。

② to come：to不定詞の形容詞的用法 助動詞

　to comeはto不定詞の形容詞的用法でmoreにかかっており、「これから来る、未来の」の意味（to不定詞の「未然」性については [☞ p.132]）。海亀もどきの話について、「まだ先があるはずだ」と述べています。

【日本語訳】

　「かつては」海亀もどきはついに口を開き、長いため息をつきました。「ぼくは本物の海亀だったんだ」

　こう言ったかと思うと、とても長い沈黙が続き、静寂を破るものといえば、時折グリフォンが「ひゃくるる！」という音を立てるのと、海亀もどきが重々しく延々とむせび泣く声だけでした。アリスはもう少しで立ち上がり「おもしろいお話をありがとうございました」と言うところでしたが、まだ先があるに違いないと思わずにはいられなかったので、じっと座って黙っていました。

"When we were little," the Mock Turtle went on at last, more calmly, ①though still sobbing a little now and then, "we went to school in the sea. The master was an old Turtle — we used to call him Tortoise — "

"Why did you call him Tortoise, if he wasn't *one?" Alice asked.

"②We called him Tortoise because he taught us," said the Mock Turtle angrily. "Really you are very *dull!"

"You ought to *be ashamed of yourself for asking such a simple question," added the Gryphon; and then *they both sat silent and looked at poor Alice, who felt ③ready to sink into the earth.

語注

one ＝a tortoise　　dull 形 頭が悪い、物分かりが悪い

be ashamed of A for doing …したという理由でAを恥じる

they ＝the Mock Turtle and the Gryphon

解説講義

① though：分詞構文における接続詞の扱い 分詞

thoughは「…だが」という意味の接続詞。**分詞構文では、主節との関係を明示したい場合に、接続詞をつけるのでした** [☞ p.89 ①]。主節との関係をあえて示す必要があるのはそうしないと伝わらない場合ですから、thoughのように意味の強い接続詞や、文脈から予想しにくい接続詞などが明記される傾向にあります。

② Tortoise = taught us !? +α

turtleがウミガメであるのに対し、tortoiseはリクガメ。同じカメでも大きな違いです。先生もturtleだったのに、なぜtortoiseと呼ぶの？というアリスの質問に対するこの答えは、tortoise [tɔ́:təs]とtaught us [tɔ́:təs]の地口。**taught usでは前半にアクセントが置かれてusは弱母音になり、それによって単語間はつなげて発音されるので、まったく同じ音になるのです。**

なお、call（「呼ぶ」）は目的語を2つとる動詞で、「誰を — 何と」の順で記します。

③ ready to sink into the earth 語法

ready to doは「いますぐにでも…したい」で、sink into the earthは「地中に沈む」。日本語にも「穴があったら入りたい」という似た表現がありますが、アリスのこの言葉は慣用句ではないようです。**元々穴に落ちて不思議の国にやってきたアリスがこう言うところに味わい深いおかしさがあります。**

【日本語訳】

「ぼくらが小さかった頃」海亀もどきはついに話を続けました。先ほどより落ち着いてはいるものの、まだ時折すすり泣いていました。「ぼくらは海の学校に通っていた。先生は年寄りの海亀だった —— ぼくらは先生のことをリクガメと呼んでいた —— 」

「リクガメじゃないなら、どうしてリクガメと呼んでいたんですか？」とアリスは尋ねました。

「リクガメと呼んでいたのは、先生がぼくらに勉強を教えていたからだよ」と海亀もどきは怒って言いました。「本当に君は鈍いなあ！」

「そんな簡単な質問をするなんて、自分を恥ずかしいと思った方がいいよ」とグリフォンもつけ加えました。それから二人は黙って座ったままかわいそうなアリスを見つめるので、アリスはいまにも地面に潜ってしまいたい気持ちになりました。

文法をさらに深める

テーマ → 品詞と「文法力」

Alice : "I never heard of 'Uglification.'"

Gryphon : "You know what to beautify is, I suppose?"

　海亀もどきの母校の話に出てくる科目名は、どこかで見覚えがある、でも何かがちょっとずつ違う言葉の数々です[☞ p.179]。その一つが、Uglification。これは掛け算（multiplication）のような何か——かと思いきや、グリフォンの説明はまったく違う。beautifyの意味は知ってるだろう？　だったらUglificationもわかるはずだ、と。

　どういうことでしょう。beautifyは、beauty「美」+接尾辞-fyで作られた動詞。これに-ationをつけて名詞化すればbeautification。同じ理屈で、ugly「醜い」に-fyをつければuglify、-ationをつければuglification。類推でわかるだろう、というわけです。

　アリスには気の毒な話ながら、グリフォンの言い分は「文法」をめぐる一粒の真実を含んでいます。uglificationという語はbeautificationと比べるとひじょうにマイナー。アリスは一度も耳にしたことがなかったのでしょう。けれど、接尾語（-fy、-ation）による語形成の知識があれば、uglificationの意味が類推できるはずなのです。

　「文法力」とは何かと考えたとき、おそらくこの類推の能力が大きな位置を占めています。最終的には辞書や文脈に頼るとしても、その一歩手前までは「ルール」で押していくことができる。その度合いが勉強の効率を左右するし、実際の言語の運用能力も規定するはずです。

　　本書でも度々言及してきた「品詞」概念の大きな美点も、私たちの類推力を高めてくれることにあります。ここで問題。第10章でアリスが暗唱する詩に出てくるフレーズ、I must sugar my hair.——sugarは何詞でしょう（「砂糖」というモノですから普通は名詞ですが）。

　助動詞mustの後、名詞my hairの前にあるので——my hairを目的語とする他動詞です。sugarの他動詞用法を知っていた方は多くないでしょう。でも、類推はできる。あとは動詞版sugarがどんな意味かと考えてみるもよし、辞書を開いてsugarの動詞用法の項目をまっすぐ目指すもよしです。

ロブスターのカドリール

The Lobster-Quadrille

◆

ハートの女王様の紹介で、皮肉屋のグ
リフォンに連れられて、いつもシクシク
泣いている海亀もどきと出会ったアリス。
彼が語って聞かせてくれる海の中の
学校のようすは、科目も時間割もお休
みも、何もかもがアリスの知っている
学校と違う、へんてこなものでした。
まだまだ続く海亀もどきと海のおかし
な生き物たちのお話。ロブスターの踊
り？ 靴磨きのタラ？ みんなが大好き
なイルカ？ しまいにアリスがふたた
び詩の暗唱をすることになり、パイを
食べるヒョウとフクロウが登場して――？

☞ p.200 │ Story 27

それから投げ込むのさ——

ロブスターを！

それからロブスターを追いかけて
海中で宙返りする！

ふたたびロブスターを取りかえる！
陸に戻って、おしまいさ

よし、最初の踊りをやってみよう！
ロブスターがいなくてもできるだろう
歌ってくれ！

「も少し速く歩けんかい」
タラはカタツムリに言いました。
「イルカがうしろにつけていて
ぼくのしっぽを踏むんだよ。
ロブスターや海亀は、どんどん前に進んでく！
みんな浜辺で待っている。きみもいっしょに踊らんかい？

来るかい、来んかい、来るかい、来んかい、
いっしょに踊らんかい？
来るかい、来んかい、来るかい、来んかい、
いっしょに踊らんかい？」

195

☞ p.206 | Story 28

ことばが全部違ってたなんてなぁ

立ち上がって
『なまけ者の声がする』を暗唱してみな

ロブスターの声がする。
聞こえてくるのはこんなこと。

「ぼくをこんがり焼きすぎだ。髪に砂糖をまぶさにゃならん」
カモがまぶたでするように、ロブスターは鼻を使って
ベルトやボタンを整えて、つま先を外に広げます。

砂が全部かわいたら、ヒバリのようにご機嫌で、
人を小ばかにしたような、サメみたいなしゃべり方。

けれど潮が満ちてきて、サメがまわりに寄ってくると
ロブスターの声はおどおどしてふるえます。

ぼくは聴いたこともないけど
けた外れにばかげている
一体全体どうやって
鼻でつま先を外に広げるんだ

踊りの第一ポジションなのよ

次の曲にいってくれよ

出だしは「あの人の庭を通りかかって」だよ

あの人の庭を通りかかって、片目で見ると
フクロウとヒョウがパイをいっしょに食べていた。

ヒョウはパイ皮とソースと肉を取ったのに
フクロウの分け前はお皿だけ。

パイが全部なくなると、フクロウはありがたくも、
スプーンをもらうことを許された。

ヒョウはナイフとフォークを受け取ってうなり、
宴の締めに──

☞ p.210 | Story 29

199

しばらく涙に暮れていた海亀もどきは、気を取り直して「ロブスター・カドリール」の説明をする。

"①You may not have lived much under the sea ——" ("I haven't," said Alice)——"and perhaps you were never even *introduced to a lobster ——" (Alice began to say "②I once tasted ——" but *checked herself hastily, and said "No, never") "—— so ③you can have no idea what a delightful thing a Lobster-Quadrille is!"

"No, indeed," said Alice. "What *sort of a dance is it?"

語注 ....

introduce 〔他動〕（…に）紹介する(to)
check 〔他動〕急に止める、抑える
sort 〔名〕種類(= kind)

200

解説講義

① 〈助動詞＋完了形〉で表す過去 【助動詞】

発話の時点（現在）から見た過去の推量は、mayの過去形mightではなく、may have doneで表すのが法助動詞の定番パターン [☞ p.212]。**これはmightがしばしば過去時制でなく仮定法を担ってしまうことに起因します。したがって推量のmayとmightの違いは、確信の度合いがmightの方が若干低いことのみ**。

muchは副詞で、この場合for a long timeのような意味。全体としては「海中で長く暮らしたことはないだろう」というように〈経験〉の意味を含む文です。

② なぜアリスは口をつぐんだの？ 【+α】

tasteは他動詞で「口にする、（試しに）食べる」。目的語の代わりに置かれたダッシュ（──）は言いかけて言わなかった空白を表しており、アリスは当然a lobsterと続けるつもりでした。が、それでは海の生き物を怖がらせてしまうと思ったアリスは（第3章で似た失敗をしています）、慌てて口をつぐんだというわけ。

③ 〈idea＋what節〉 【語法】

ideaはofなどの前置詞を後に続けて、「…に関する知識［理解］」を表しますが、前置詞の後が疑問詞節の場合、よくofが省略されます。とりわけhave no［some, any...］ideaという形のときにその傾向が強く、ここもその一例。「ロブスター・カドリールがどんなに楽しい遊びか、まったく知らないんだな！」ということです。

ところで、カドリールとは、5つのパート（figure）から成り、4組の男女で踊るスクウェア・ダンスで、社交ダンスの中でも難易度の高い踊り。キャロルの時代に流行し、リデル姉妹も個人教師に教わっていたといいます。

【日本語訳】

「君は海のなかで暮らしたことはそんなにないかもしれないが──」（「ありません」とアリスは言いました）──「もしかしたらロブスターに紹介されたことすらないかもしれんが──」（アリスは「一度食べたことなら──」と言いかけましたが、慌ててやめ、「ありません、一度も」と言いました）「──それなら君は、ロブスター・カドリールがどんなに楽しいものか、まったく知らないはずだな！」

「知りません、まったく」とアリスは言いました。「どんな踊りなんですか？」

"*Why," said the Gryphon, "you first ①<u>form into</u> a line along the sea-shore——"

"②<u>Two lines!</u>" cried the Mock Turtle. "*Seals, turtles, salmon, and so on: then, when you've *cleared all the jelly-fish *out of the way——"

"③<u>*That* generally takes some time</u>," interrupted the Gryphon.

"—— *you *advance twice——"

"Each with a lobster as a partner!" cried the Gryphon.

"*Of course," the Mock Turtle said: "advance twice, *set to partners——"

"—— change lobsters, and *retire in same order," continued the Gryphon.

語注 ....

why 間《簡単すぎる質問に対して》それはだね　　seal 名 アザラシ

clear 他動 (物を)片付ける　　　out of the way 邪魔にならないところに

you 総称用法のyou　　　advance 自動 前進する　　　of course ああそうだった

set to 他動《ダンスで》(相手)の方を向く　　　retire 自動 もとの場所に戻る

解説講義

① 〈変化の結果〉を表すinto 【語法】

formは自動詞で「隊列を作る、整列する」。intoは〈変化の結果〉を表す**用法**。このintoは、A caterpillar turns into a butterfly.（イモムシはチョウになる）なら主語の変化後のすがたを、make flour into breadのように他動詞と用いれば目的語の変化後のすがたを表すことができ、使い所の多い表現です。

② だれの発話? 【+α】

グリフォンが「一列（a line）」と言ったのに対し、ウミガメもどきが「二列だよ!」**と訂正を入れています。**これ以降ずっとこの調子で、二人が互いの発言に合いの手を入れていくのでいささか分かりにくいですが、どこがどう繋がっているかを考えるのはいい練習になると思うので、トライしてみてください。

③ 量が多いことを表すsome 【語法】

*that*は「クラゲを片付ける」作業を指し、斜字体は「他ならぬその作業こそが」という意味合い。takeは「（時間を）要する」。

someは通常強い意味を持ちませんが、**時に量が多いことを強調的に表すことがあります**（その場合は強勢を置いて読まれます）。ここでも少ししか時間がかからないのならわざわざ言う必要もなさそうなので、「いつもそれに相当な時間がかかるんだよ」と解するのが自然です。

【日本語訳】

「それはな」とグリフォンは言いました。「まず海岸沿いに一列に並ぶ ──」

「二列だよ!」と海亀もどきが大声で言います。「アザラシ、海亀、サケとかでね。それから、クラゲをきれいに片付けて ──」

「いつもそれで大分時間を食うんだ」とグリフォンが遮ります。

「── 前に二歩進んで ──」

「ロブスターとパートナーになって!」とグリフォンが大声で言います。

「そうだった」と海亀もどき。「前に二歩進んで、パートナーと向かい合い ──」

「── ロブスターを取り替えて、同じようにして後ろに下がる」とグリフォンが続けます。

第10章

Story 27のつづき　　　　　　　　　　　　　🔊 59

"Then, you know," the Mock Turtle went on, "you throw the——"

"The lobsters!" shouted the Gryphon, with a bound into the air.

"——①as far out to sea as you can——"

"Swim after them!" screamed the Gryphon.

"Turn a *somersault in the sea!" cried the Mock Turtle, *capering wildly about.

"②Change lobsters again!" yelled the Gryphon at the top of its voice.

"Back to land again, and——that's all the first *figure," said the Mock Turtle, suddenly dropping his voice; and the two creatures, who ③had been jumping about like mad things all this time, sat down again very sadly and quietly, and looked at Alice.

> 語注 ···
>
> somersault 图 宙返り　　caper 自動 楽しく飛び跳ねる、はしゃぐ
> figure 图（カドリールを構成する5つある）フィギュア

204

解説講義

① seaにtheがついていない理由 語法

　seaは一般に定冠詞theをつけて使われることが多いですが、前置詞toの後では無冠詞で用いられることがあり、**out to seaで「沖の方へ」という意味になります。**〈as ... as S can〉（＝ as ... as possible）は、「できるだけ…」という意味の比較表現。これと組み合わせるため、距離の程度を示す副詞farを、asの後に置いています。

② 交換や交友関係を表す複数形 語法

　change trains（電車を乗り換える）、shake hands（握手する）、take turns（交互に…する）、make friends（友達になる）など、**交換や交友関係を表す動詞の目的語は、無冠詞の複数形**になります。

③ had been jumping：進行形＋完了形 完了形

　進行形（was jumping）の述語を完了形にしたのがhad been jumping（時制は過去）。p.65で解説した通り〈継続〉を表します。all this timeが期間を示しており、「この間（＝第一フィギュアを説明している間）ずっと飛び跳ねていた」ことを表しています。

　なお、**継続用法において、話題になっている時点でもその状態が持続しているかはケースバイケース。**終わっていることもあればその先まで続く場合もあります。ここではそのあとすぐ座ってしまうことから、ほぼ終わりかけだと推察できます。

【日本語訳】

　「それから、ほら」と海亀もどき。「投げるんだ ——」
　「ロブスターを!」とグリフォンが叫んで飛び跳ねました。
　「—— 沖の方へ、できるだけ遠くに ——」
　「追いかけて泳いでいく!」グリフォンは大声で言います。
　「海の中で宙返り!」海亀もどきも大声を上げて、楽しそうに跳び回ります。
　「またロブスターを取り替える!」とグリフォンは一番大きな声で言います。
　「陸に戻る。これで最初のところがおしまいさ」と海亀もどきが言い、いきなり声を落としました。二匹はこの間ずっと狂ったように跳ね回っていたのですが、元通りとても悲しそうにして、静かに腰を下ろし、アリスに目をやりました。

・Story 28・ 🔊 60

海亀もどきの歌唱による「ロブスター・カドリール」の曲に出てきたタラ（whiting）に、
アリスは興味を示す。

"Oh, *as to the *whiting," said the Mock Turtle,
"they —— *you've seen them, of course?"

"Yes," said Alice, "①I've often seen them at
dinn——" she checked herself hastily.

"I don't know where Dinn may be," said the
Mock Turtle, "but, if you've seen them *so often,
of course you know ②what they're like?"

"I believe so," Alice replied *thoughtfully.
"③They have their tails in their mouths —— and
they're *all over *crumbs."

語注 ···

as to 前 …については《文尾で用いられるのが基本だが、このように文頭でas forと同じように
用いられることもある》[☞ p.126]

whiting 名 大西洋東部や地中海に生息するタラ科の比較的小型の食用魚

've seen 〈経験〉を表す完了形

so 副 そんなに

thoughtfully 副 考え込んで、慎重に（＜thoughtful 形）

all over 前 …に覆われて、…でいっぱいの

crumb 名《複数形で》パン粉

解説講義

① アリスは何と言いかけたのでしょう？ +α

——**答えは dinner**。「食事で何度も目にしている」と言いかけたのですが、ロブスター同様、食べる話はまずそうなので、途中でやめたというわけです。**読みどころは、海亀もどきとアリスの間で、意図している see の意味が微妙に異なっているところ**。whiting は海亀もどきにとって「会う」相手ですが、アリスにとっては食材なので「見る」対象でしかありません。

これに続く海亀もどきの返答 "I don't know where Dinn may be." は、語頭が大文字になっていることからも分かる通り、**アリスが言いかけてやめた dinn を地名と勘違いしたものです**。

② what they are like の意味 [語法]

「…のような」という意味の前置詞 like を使い、What is A like?（「A はどのような人ですか?」）と尋ねるのは決まった表現。ここでは know の目的語として、平叙文の語順で用いられています（間接疑問文）。

③ 〈have O C〉：尻尾を口に…？ [語法]

〈have O C〉は「O を C の状態にしておく」。C には in their mouths のような副詞相当語句も入ります。「タラは尻尾を口に入れている［くわえている］」とはどういうこと!? 実はそうして丸ごとフライにするタラ料理があるのです。とはいえ、それがタラの意志であるかのごとくこの魚を主語にしてしまうのは、やはり可笑しさが拭えないところです。

【日本語訳】

「ああ、タラに関しては」と海亀もどきが言いました。「あいつらは——きみは当然あいつらに会ったことがあるだろうね?」

「ええ」とアリス。「よく見かけます、ディン——」アリスは慌てて口をつぐみました。

「ディンがどこにあるかは知らないけど」と海亀もどきは言いました。「そんなにしょっちゅう会ったことがあるなら、どんな姿かたちをしてるかはわかるだろうね」

「そう思います」とアリスは考えながら答えました。「尻尾を口に入れていて——あと、全身にパン粉をつけています」

207

　"You're wrong about the crumbs," said the Mock Turtle: "crumbs *would all *wash off in the sea. But ①they *have* their tails in their mouths; and the reason is――" here the Mock Turtle *yawned and shut his eyes. "Tell her about the reason *and all that," he said to the Gryphon.

　"The reason is," said the Gryphon, "that they *would* go with the lobsters to the dance. So they *got thrown out to sea. So they had to fall *a long way. So they got their tails *fast in their mouths. So they couldn't get them out again. That's all."

語注

would 助 現在に関する推量《確信の度合いは比較的強い [☞ p.252]》

wash off 自動 (洗われて)落ちる　　　yawn 自動 あくびをする

and all that …やらいろいろ　　　would 助 過去の習慣

got thrown 〈get＋過去分詞〉は受動態の変形 [☞ p.161]

a long way for a long way の for が省略されている。　　　fast 副 しっかりと

208

解説講義

① 「配分的複数」と「配分的単数」 `複数形`

　アリスのタラ評のうち、パン粉については否定するが、「尻尾を口にくわえているのは実際そうなんだ」というのが *have* の強調の趣旨。

　ところで、おおよその意味はわかるので何となくで済ませてしまいがちな、主語が複数の場合の目的語などの名詞の数。この文の場合、**they（＝タラ）が複数いるのだから尻尾や口も当然複数ある、とも言えますが、1匹ごとでみると尻尾も口も1つずつしか持っていないはずだと考えると**、おかしな気もしてきます。

　わかりやすい例に切り替えると、次の例文は文法的には両方可能で、いずれも「学生が（各人1本の）手を上げる」ことを表します（1人が複数の手を上げるわけでも、全員が1本の腕を共有するわけでもない）。

　（a）The students raised their hand<u>s</u>.

　（b）The students raised their hand.

このように（a）各人に1つずつ割り振られる物を表す複数名詞（hands）を「配分的複数（distributive plural）」、（b）各人に1つずつ割り振られる物を表す単数名詞（hand）を「配分的単数（distributive singular）」といいます。基本としてこの両方が可能であることを知っておくと、何かと便利です。

　その上で、現代英語では配分的複数が標準的で、好まれる傾向にあることを押さえておくとよいでしょう。また、場合によっては単数・複数の選択次第で意味が変わることもあるので、その際は適切な方を選ぶ必要があります。

　長くなりましたが、**they *have* their tails in their mouths** というこの文を見て、「口や尻尾が複数あるお化けのようなタラがいるんだろうか？」と考える必要はありません。『アリス』の世界ならありえなくもなさそうなところがなおさら厄介ですが……。

【日本語訳】

　「パン粉は間違いだよ」と海亀もどき。「パン粉は海の中じゃ流されるはずだからね。でも、確かに尻尾は口に入れているよ。その理由は──」ここで海亀もどきはあくびをし、目を閉じました。「その理由やら何やらを教えてあげてよ」とグリフォンに言いました。

　「なぜかというと」とグリフォン。「タラはよくロブスターと踊りに行ったのさ。そんで海に投げられる。そんで長い距離を落ちなきゃならん。そんで尻尾を口にすっぽり入れた。そんで尻尾を出せなくなっちまったのさ。おしまい」

◦ Story 29 ◦   🔊 62

アリスは不思議の国に来て以来、どうしても詩を正しく思い出すことができない。これを聞いた
グリフォンと海亀もどきは、アリスに "I passed by his garden" から始まる詩を暗唱させる。

"①I passed by his garden, and *marked, with one eye,

How the *Owl and the *Panther were sharing a *pie:

The Panther took *pie-crust, and *gravy, and meat,

*While the Owl had the dish as its *share of the *treat.

When the pie was all finished, ②the Owl, as a *boon,

Was kindly permitted to pocket the spoon:

While the Panther received knife and fork with a *growl,

③And concluded the *banquet by――"

語注 ‥‥‥

mark 他動 気づく、注意を払う ※目的語は2行目のhow節

Owl 名 フクロウ   Panther 名 ヒョウ   pie 名 肉料理としてのパイ

pie-crust 名 パイ生地   gravy 名 肉汁で作るソース

while 接《主節とwhile節の対比を示して》…であるのに対し、…の一方では

share 名 分け前、取り分   treat 名 ご馳走、もてなし

boon 名 贈り物   growl 名 唸り声   banquet [bǽŋkwət] 名 祝宴

解説講義

① パロディ詩の元ネタ +α

　当時の読者にはよく知られていた、詩人Isaac Watts（1674–1748）による教訓詩 “The Sluggard” のパロディ。原詩は「怠け者」を反面教師として勤勉を促す内容でした（ただし1行目以外はあまり相関はない）。第7章でも述べたとおり、詩だからといって文法・語法は変わりません。

② 文構造に注意して意味をとらえよう 構文

　行をまたぐのでわかりにくいですが、the Owl was kindly permitted to pocket the spoon as a boon と並び替えれば見通しがよくなるでしょう。permit O to do（「Oに…することを許す」）が受動態で用いられており、pocketは「…をポケットに入れる、自分のものとする」という意味の他動詞。**ありがたいことにspoonをboonとしてもらった**」ということです（spoonとboonの押韻に注意）。

③ 詩の結末は…? +α

　conclude O by doing は「Oを…で締めくくる」。フクロウがスプーンをもらったのに対し（7行目冒頭の〈対比〉のwhileに注意）、「唸り声をあげてナイフとフォークを受け取ったヒョウ」が宴の締めくくりとしてしたこと（もらったもの）は何でしょう？

　ヒント：7行目末尾のgrowlとの押韻

　有力な答えとされているのが、“eating the Owl”（!）です。ヒョウが締めに相方を食べてしまうという衝撃の結末で、フクロウの名前（Owl）がご馳走を前にしたヒョウの唸り声（growl）と音でも綴りでも重なってしまうのが実に皮肉。ただしこれが唯一の正解ではありません。動詞の -ing形と [aʊl] で終わる名詞を組み合わせて、自分なりのエンディングを考えてみるのも楽しそうです。

【日本語訳】

私は彼の庭を通りかかり、片目で見ると、
フクロウとヒョウがパイを一緒に食べていた。
ヒョウはパイ皮と、ソースと、肉を取り、
フクロウの分け前は皿だった。

パイがすっかりなくなって
フクロウはお土産に
スプーンをポケットに入れることを許された。
ヒョウはというと、唸りながらナイフとフォークを受け取って
宴の締めに──

文法をさらに深める

テーマ → 法助動詞（1）

（i）You may not have lived much under the sea.

（ii）A cat may look at a king.

　上に掲げた海亀もどきの台詞［☞ p.200］とアリスの言葉［☞ p.159］。前者のmay は推量、後者のmayは許可で、意味は異なりますが、いずれも本動詞で述べられた事柄（「海の中で暮らす」、「見る」）に対する〈話し手の態度〉を表しています。

　このように、(主語ではなく) 話し手の態度を示す助動詞は法助動詞（modal verb）と呼ばれます。may以外にmust、will、shall、can、have toとその過去形が主たるメンバーで、種類は多くないですが、数ある英文法項目の中でも最難関のひとつだと思います。

　具体的な用法については個々の解説に譲るとして、ここでは大枠の見取り図を示しておきましょう。英語の主要な法助動詞が表す〈話し手の判断〉は、大きく2つに分類されます。(1) 文中で述べられる行為への「拘束」の度合い（「義務」、「許可」）に関するものと、(2) 文中で述べられる事柄の真実性に対する「確信」の度合いに関するもの。その各々の中で、意味の強さのグラデーションがあります。

　（1）must, have to（義務）──────── may, can（許可）

　（2）must, have to（必然）/ will（予測）── may, can（可能性）

ご覧の通り、ひとつの法助動詞が（1）と（2）の両方を担うこともややこしさの要因。冒頭で見た2種類のmayは、まさにこの実例でした。

　これに加えてもうひとつ大切（かつ厄介）なのは、「過去形」の役割。would、could、might、shouldなど法助動詞の「過去形」が実際に「過去」を表すのは限られた場合に過ぎません。mightであっても現在のことを述べるケースが大半で、過去のことを言うためには（i）のように、本動詞を完了形にする必要があります。

　原則として法助動詞が過去形になると、仮定法が絡んでくると考えてください。その分話し手の態度が仮想的になり、丁寧さや確信度の低下が生じます。詳しくは、第12章のコラムで改めて。

※ このほかに、「能力」のcanや「意志」のwillは、話し手ではなく主語に起因する「動的モダリティ」に分類されます。

タルトを盗んだのはだあれ?

Who Stole the Tarts?

◆

海亀もどきとグリフォンに、ロブスター
の踊りを教わったアリス。ほかにも、
タラやイルカ、ウナギやシタビラメ、
海の生き物の不思議な話をたくさん
聞きます。踊りの次は歌の時間。海
亀もどきが「海亀スープ」を熱唱する
のを聴いていると、遠くから「裁判が
始まります!」と呼び声が。「すばらしい、
スーーープ」と声を張り上げる海亀も
どきをあとにして、アリスとグリフォン
はハートの女王様の待つ法廷へ。物
語はいよいよクライマックス!

アリスはグリフォンに連れられて
裁判所までたどり着きました

p.220 │ Story 30

215

◆ Story 30 ◆　　　　　　　　　　　　　🔊) 63

タルト盗難事件の法廷にたどりついたアリス。判事は王様、進行役は白ウサギ、被告はジャック。
陪審員（juror）席には12匹の動物がいる。

The twelve jurors were all writing very busily on *slates. "What are they doing?" Alice whispered to the Gryphon. "①They can't have anything to put down yet, before *the trial's begun."

"They're putting down their names," the Gryphon whispered in reply, "②for fear they should forget them before the end of the trial."

"*Stupid things!" Alice began in a loud *indignant voice; but she stopped herself hastily, *for the White Rabbit *cried out "*Silence in the court!", and the King put on his *spectacles and looked anxiously round, to *make out who was talking.

語注 ･･･

slate 名 石板《紙を消費することなく、書いたり消したりが可能》

the trial's begun ＝ the trial has begun　　　stupid 形 馬鹿な、愚かな

indignant 形 激怒した　　　for 接《理由の補足》なぜなら

cry out 他動 大声で言う（＝say loudly；必ずしも「叫ぶ」わけではない）

Silence! お静かに!　　　spectacles 名《複数形で》めがね

make out 他動 …だとわかる、見てとる

解説講義

① canの3つの用法 【助動詞】

　put downは「書き留める」という意味の他動詞（＝write down）。to put downはanythingを修飾する形容詞的用法のto不定詞で、「書き留める（べき）こと」（put downの目的語がanythingであることに注意 ［☞ p.169 ②]）。

　canには大きく分けて、〈能力〉、〈許可〉、〈推量／可能性〉の3つの系列の用法があり、ここでは〈推量／可能性〉（法助動詞については ［☞ p.212]）。一般にこの用法の場合は、**本動詞が状態を表す語であることが目印になります**（haveも状態動詞）。否定の場合、「…であるはずがない」という強い確信を表し、It is not possible that... と言い換え可能。全体としては「（裁判が始まる前は）まだ書き留めることなんてないはずなのに」ということです。

② for fearの用法 【語法】

　for fear (that)... は「…することを恐れて、…しないように」という意味の成句。**このthat節内の出来事はまだ実現していない事柄ですから、そのことを示すmay／might、will／wouldなどの助動詞や仮定法現在が用いられ**、ここでは仮定法現在（の代用）のshouldが置かれています（事実として確定した事柄とそうでない事柄の区別については ［☞ p.132]）。

【日本語訳】

　十二人の陪審員はみな、じつに忙しなく石板に何か書いていました。「何を書いているの？」とアリスはグリフォンに小声で言いました。「裁判が始まる前は、まだ書き留めることはないはずでしょう」

　「自分の名前を書いてるのさ」とグリフォンは小声で答えました。「裁判が終わるまでに自分の名前を忘れちまわないようにな」

　「お馬鹿さんね！」アリスは見下したような大きな声でしゃべり出したのですが、あわててやめました。というのも、白ウサギが「法廷では静粛に！」と大声で言い、王様がめがねをかけて、誰がしゃべっているのかと、気がかりな様子で辺りを見回したからです。

| Story 30のつづき | 🔊 64 |

①<u>Alice could see, as well as if she were looking over their shoulders</u>, that all the jurors were writing down "Stupid things!" on their slates, and she could even make out that one of them didn't ②<u>know how to spell "stupid,"</u> and that he had to ask his *neighbour to tell him. "③<u>A nice muddle their slates'll be in, before the trial's over!</u>" thought Alice.

語注

neighbour 名（席が）隣の人

解説講義

① as well as if...? 語法

　　seeの目的語はすこし離れたthat節で、as well as … their shouldersは「どのくらいよく見えたか」を述べている箇所。**as ifはこのように、同級比較のas … asと組み合わせて〈程度〉を表すことができます。**

　　as if節の中身を見てみると、主語sheに対してwereが用いられていますから、仮定法過去。look over their shoulders（「彼らの肩越しに見る」）を実際にしているわけではないが、そうしているのと同じくらいよく見えたということです。

　　以上でお分かりのとおり、**wellは「十分に、よく」という意味の副詞として用いられており、「…だけでなく（…も）」という意味のas well asとは別物。** 慣用句

の知識は重要ですが、何も考えずにその知識を当てはめると、偶然形が重なっているだけの別の表現と混同してしまうこともあるので、注意が必要です。

② 〈疑問詞＋to不定詞〉の用法 不定詞

to不定詞の用法として、〈疑問詞＋to不定詞〉はよく見かける使い方。「どう綴るべきか」、「どうしたら綴れるか」のように**義務や可能のニュアンスが入ります**が、ここでもポイントはto spell "stupid" がknowよりも後（未来）に起こるということです [☞ p.132]。

ついでに言えば、この後に出てくる〈ask O to do〉（「Oに…するよう頼む」）という表現でもやはり、doは「頼んだ」あとに起こることですね。

③ 強調のための前置／皮肉の言い方 倒置

muddleは「混乱、ごちゃごちゃ」という意味の名詞。しかしその後にtheir slatesというもうひとつの名詞が出てきて、'll be inという未来時制の述語らしき成分が続いています。不思議な語順の文ですが、**前置詞inの後にあるべき名詞が前に移動しているのだと気づけば、Their slates'll be in a nice muddle、つまり「あの人たちの石板はめちゃくちゃになってしまう」ということだと判断できます**。a nice muddleを文頭で目立たせることで、アリスの驚きや呆れが表現されているのです。

では、その「めちゃくちゃ」がniceだとはどういうことでしょう。これは本気で褒めているのでは（もちろん）なく、皮肉で言っているのです。汚い字を書いた人に「きれいな字だね!」と言ったり、まずい料理を作った人に「おいしかったよ!」と声をかけたりするような悪口の言い方は、日本語でもよくありますね。

【日本語訳】

アリスは、まるで陪審員の肩越しに見たかのようにはっきりと、彼らが全員「お馬鹿さんね（stupid）!」と石板に書いているのが見えました。さらにはそのうちの一人が、"stupid" をどう綴ったらよいかわからず、隣の人に聞く羽目になっているのまで見えました。「あの人たちの石板、裁判が終わるまでにめちゃくちゃになっちゃうよ!」とアリスは思いました。

Story 31   🔊 65

一人目の証人、帽子屋の審問を傍聴している最中、アリスは体に異変を感じ始める。

Just at this moment Alice felt a very *curious *sensation, ①<u>which puzzled her *a good deal until she made out what it was</u>: she was beginning to grow larger again, and she thought at first ②<u>she would get up and leave the court</u>; but *on second thoughts she decided to remain where she was *as long as there was room for her.

語注 ┈┈┈

curious 形 奇妙な、おかしな
sensation 名 感覚、感じ
a good deal 《副詞的に用いて》とても、大いに [☞p.46]
on second thoughts 考え直して
as long as 接 …である限り（＝only if）

解説講義

① untilに注意しよう 語法

　　非制限用法の関係代名詞節。p.185で説明したように、untilはある状態が
その時までずっと続くことを示します。つまりここでは、「とても奇妙な感覚が、それが
何か分かるまで、ずっとアリスを困惑させ続けた」のです。そしてこの「分かった」
ことの内容が「再び巨大化し始めていた」ことである、というように話は進んでいき
ます。

② 〈過去から見た未来〉のwould 助動詞

　　この文は全体が過去時制で、thinkの目的語であるthat節のなかに、**would**
が用いられているという構造。下の図で示したように、**wouldはこの語りが話題
にしている過去の時点（＝thinkした時点）から見て未来のこと、いわゆる〈過
去から見た未来〉を表しています**。これをwillにすると、get upやleaveが書き
手または読者の現在から見た未来に起こることになってしまうのです。このように英
語では、従属節内であっても、各々の述語が自前で時制を表す必要があり（時
制の一致）、従属節内では主節との相対的な関係しか表されない日本語とは大き
くシステムが異なります（例：もう<u>出よう</u>と思った〈**過去から見た未来**〉／今から<u>出
よう</u>と思う〈**現在から見た未来**〉）。なお、このwouldには、「立ち上がって法廷を
出よう」とするアリスの〈**意志**〉が含まれています。

【日本語訳】
　　ちょうどその時、アリスはとても奇妙な感覚を覚えました。それは彼女をすこぶる戸惑わ
せましたが、ついにそれが何かわかりました。アリスは再び大きくなり始めていたのです。
最初、アリスは立ち上がって法廷を出ようと考えました。でも思い直して、今いる場所に隙
間がある限りはいようと決めました。

225

| Story 31のつづき 🔊 66

"①I wish you wouldn't *squeeze so," said the Dormouse, who was sitting next to her. "I can hardly breathe."

"I can't help it," said Alice very *meekly: "I'm growing."

"You've no right to grow *here*," said the Dormouse.

"Don't ②talk nonsense," said Alice *more boldly: "③you know you're growing too."

"Yes, but ③*I grow at a reasonable pace*," said the Dormouse: "③not in that ridiculous *fashion." And he got up very *sulkily and *crossed over to the other side of the court.

語注

squeeze 自動 強く押す   meekly 副 控えめに、従順に（＜meek 形）
more boldly 上のvery meeklyな言い方に比べて、「大胆に」なったということ
fashion 名 やり方、様式   sulkily 副 不機嫌に、むくれて（＜sulky 形）
cross over 自動 横切る、渡る

解説講義

① 〈wish＋would〉の用法 助動詞

wishのthat節内にwouldを用いると、不満や苛立ちを含んだ要求や願望の

226

表現になります。「自発的に…してくれ」という would の〈意志〉のニュアンスが、きつめの要求につながるのです。とはいえアリスの巨大化は意志によるものではありませんから、彼女からしたら無茶な頼みかもしれません。

② 他動詞の talk ／ nonsense 【語法】

「あれ、talk って自動詞じゃないんだっけ」と思った方がいたとしたら正しい感覚。**talk の他動詞用法はやや例外的で、nonsense との組み合わせはその限られた一例です。**

なお、『アリス』の本文に7回登場する nonsense は、「ノンセンス文学」の最高傑作と言われる『アリス』の代名詞といってもいい言葉。「馬鹿なこと言わないで！」と叫ぶアリス本人を含め、「不思議の国」の住人のお喋りは「ノンセンス」ばかりです。

③ grow：大きくなる／成長する 【+α】

「大きくなる」と「成長する」という微妙に異なる語義が混乱を生んでいます。「ここで大きくなるのはおかしい」というヤマネに「あなただって成長してるでしょ」と返すアリス。これにヤマネは、自分の grow は「まともな速さ」（＝成長）だが、君のは「馬鹿げた仕方」（＝巨大化）だと反論します。要するに、アリスが二つの意味を同じだと言い、ヤマネはその違いを強調するという対立です。仮に自分が辞書を作るとして、どこまでを一つの語義にまとめ、どこから分けるか。原理的にはどちらの方向にも際限なく突き進むことが可能で、絶対的な基準はありません。そう考えるとアリス－ヤマネ論争（？）は、馬鹿げているどころか思いのほか本質的な議論なのかもしれません。

【日本語訳】

「そんなに押さないでくれ」とヤマネは言いました。アリスの隣に座っていたのです。「息が苦しいよ」

「仕方ないんです」アリスは大人しく言いました。「わたし大きくなってるんだもの」

「こんなところで大きくなる権利なんかないぞ」とヤマネは言いました。

「馬鹿なこと言わないで」とアリスはさっきより大胆になって言いました。「あなただって大きくなってるでしょ」

「そうだけど、ぼくはまともな速度で大きくなってるんだ」とヤマネ。「そんな馬鹿げた速さでじゃないよ」そう言ってヤマネはとても不愉快そうに立ち上がり、法廷の反対側へと行ってしまいました。

Story 32　　　　　　　　　　　　　　　　　　🔊 67

帽子屋の証人喚問もいよいよ佳境。
王様の洒落にモルモット（guinea-pig）が歓声を上げると……。

Here one of the *guinea-pigs cheered, and was
immediately *suppressed by the officers of the
court. (①As that is *rather a hard word, I will
*just explain to you how it was done. *They had a
large canvas bag, which *tied up at the mouth with
*strings: ②into this they slipped the guinea-pig,
*head first, and then sat upon it.)

語注 ....

guinea-pig 名 モルモット《ギニア（に代表される未知の土地）から連れてこられたことが語源
とされる》

suppress 他動 鎮圧する、制圧する

rather 〈a rather + 形 + 名 ／ rather a + 形 + 名〉どちらの語順も可能。《程度に段階のある
語を修飾して》かなり、相当

just 副《行為がすぐ済むことを示して》ちょっと

they ＝ the officers of the court

tie up 自動 （ひもで）縛られる、閉じられる

string 名 ひも

head first《副詞的に》頭から先に

解説講義

① この"I"はだれ？ +α

　thatはsuppressを指し、hardは「難しい」の意味。「下に押す」を原義とするラテン語源のsuppressは、日常的には使われない「難しい言葉」だというわけです（語源と単語の「硬さ」の関係については［☞ p.63 ①]）。そこで「it（＝suppress）がどのようになされたかさっと説明しよう」と口を挟む"I"は語り手（作者）。以下括弧内では、最初の方にも出てきた語り手による横やりコメントが続きます。

② 副詞相当語句の位置 倒置

　標準的な語順に直すと、they slipped the guinea-pig into this［＝the large canvas bag］. into thisを前置することで、歓声を上げた方のモルモット（単数であることに注意）を袋の中に滑り込ませたことを、この袋について述べていた前の文とのつながりを目立たせながら述べています。

　一口に副詞相当語句（前置詞句を含む［☞ p.152]）といっても、その位置に関する制約はさまざまです。into thisは、述語以下の部分にかかり、目的語the guinea-pigの行き先を示す成分ですから、本来文末にしか置くことができません。それを文頭に持ってきているこの文は、あくまで例外的なのです。それに対して、もしこの文に「どこで」を示すin the courtがついていたら、これは問題なく文頭に持ってくることが可能（In the court, they slipped the guinea-pig into this.）。なぜならin the courtは、主語・述語を含む文全体にかかるから。副詞相当語句の文法的機能は複雑ですが、述語以下にかかるか、文全体にかかるかは、ひとつの重要なポイントです。

【日本語訳】

　このとき、モルモットの片方が歓声を上げ、法廷の役人に即座に鎮圧されました。（鎮圧はだいぶ難しい言葉なので、それがどのように行われたのか、さっと説明しておきます。役人たちは大きなズック地の袋を用意しました。口のところをひもで縛れるものです。その中に彼らはモルモットを、頭を先にして滑り込ませ、その上に座ってしまったのです。）

"I'm glad I've *seen that done," thought Alice.

"①I've so often read in the newspapers, at the end of trials, 'There was some attempt at applause, which was immediately suppressed by the officers of the court,' and I never understood what it meant till now."

"If that's all you know about it, ②you may stand down," continued the King.

"②I can't go no lower," said the Hatter: "②I'm on the floor, *as it is."

"②Then you may *sit down," the King replied.

Here *the other guinea-pig cheered, and was suppressed.

"*Come, that finishes the guinea-pigs!" thought Alice. "Now we shall get on better."

語注 ....

see that done that＝法廷の役人によるsuppressの実行。〈see O done〉で「Oが…されるところを見る」。

as it is 現状は、実際には

the other guinea-pig もう1匹のモルモット。定冠詞がついていることから、モルモットは全部で2匹だったとわかる。

come 《間投詞的に》さあ

解説講義

① at the end of trialsはどこにかかる？ 構文

　アリスが新聞で読んだことのあるもの（完了形の「経験」用法に注意）、すなわち readの目的語は、引用符（'…'）で囲われている部分。attempt、applause、immediatelyなど、suppress以外にも新聞らしい硬めの語彙が使われていることを確認してください。取り違えが起きやすそうなのは、at the end of trialsの役割。「裁判の終わりにアリスが新聞で読んだ」わけではありませんから、これは後ろにかかっていて、「裁判の終わりに拍手喝采が起きそうになった」のです。

　なお、実際のsuppressはせいぜい静粛を促す程度で、まさか人を袋に詰め込むようなものではないはず。大まかに見れば同じsuppressでも、典型的なsuppressとはだいぶ異なる。ここでも言葉の語義が揺れています。

② 王様と帽子屋のやり取り ＋α

　stand downは法廷用語で「（証人が）証言台から降りる」。しかし帽子屋はこれを字義通りに「下がる」と取って（『アリス』お馴染みのパターン！）、「これ以上、下にはいけません」と訴えます。彼はすこし前で片膝をついた体勢になっていて、I'm on the floor.とはその状態。すると王様が今度は、膝をついた体勢よりさらに「下が」ればいい、つまり「座ればいい」と命じるという流れです。

　ここで2回出てきているmayは〈許可〉の用法ですが、相手に面と向かってmayで許可を与えるのはかなりきつい言い方。王様（裁判長）が言うならよいですが、実際に使用できる状況は限られる表現です。

【日本語訳】

　「あれが見られて嬉しいな」とアリスは思いました。「裁判の終わりに『喝采が起こりかけたが、法廷の役人によって即座に鎮圧された』って、新聞で読んだことがあったけど、いままでどんな意味かわからなかったんだもの」

　「知っていることがそれだけなら、下がってよい」と王様は続けて言いました。

　「これ以上下がることはできません」と帽子屋。「ご覧の通り、床の上におりますので」

　「それなら尻をついてしまえ」と王様は言い返しました。

　このとき、もう一匹のモルモットが歓声を上げ、鎮圧されました。

　「さて、これでモルモットもお終いだ！」とアリスは思いました。「これでもう少しスムーズに進むはず」

文法をさらに深める

テーマ → 情報の流れ── 新情報と旧情報

(1) There was some attempt at applause,

(2) which was immediately suppressed by the officers of the court.

　アリスが新聞で読んだ裁判の様子 [☞ p.230]。この文の前半(1)と後半(2)は次のように言い換えられます（やや強引ですが）。

(1') The attempt at applause was in the court.

(2') The officers of the court immediately suppressed the attempt at applause.

(1)はいわゆるthere is構文で、(1')はattemptを主語にしたもの。(2')は元の受動態の文を能動態に直したもの。

　どちらもセットで習い、書き換えを練習する項目です。が、実際にはどちらでもいいわけではない。その仕組みが重要です。

　会話や文章はふつう、すでに話に出たことや互いに知っていること（旧情報）に、まだ話に出ていないことや知らないこと（新情報）を付け加える形で進みます。英語の場合これが語順に直結していて、旧情報が文の前の方、新情報が後に来るのが原則。通常は新しい情報の方が情報価値も高いため、英語では**重要な部分ほど後にくる**ということもできます。

　there is構文でも受け身文でも、起きていることは文頭と文末の入れ替え。ポイントは、それによって情報の流れが調整できることなのです。例えば(1)では、some attempt at applauseが新情報。不定冠詞と同等の役割を果たすsomeが、そのことを示しています。there is構文はこうして「何が」あるかを述べる形で、よく話の始めに登場します。他方(1')の構文は、the attemptの存在を前提として、「どこに」あるかに主眼がある。主語は旧情報のはずで（だから定冠詞をつけました）、Some attempt at applause was in the court. のような文は通常ありえないのです。

　しかし一度出してしまえば、some attempt at applauseも既知の情報。ですから今度はこれを主語にし、それに対して誰がどうしたかを新たに提示するのが(2)です。(2')のようにthe attempt at applauseに焦点を当てても、そんなことはもう知ってるよ！と言われかねません。

　表す事柄が同じでも、情報の流れが違う。これが意識できると、書くときや話すときにも効いてくるはずです。

第12章

アリスの証言

Alice's Evidence

◆

タルト泥棒の犯人を突き止めるための裁判。被告はハートのジャック、陪審員席には12匹の動物たち、判事は王様と女王様、伝令は白ウサギ。そしてついに、アリスが証言台に立ちます。奇想天外なアリスの冒険も、いよいよ最終章。裁判の行方は? アリスは、不思議の国の住人たちは、この先どんな人生を送っていくのでしょう——

証人として名前を呼ばれたアリス

はい!

自分が大きくなっていることも忘れて
勢いよく立ちあがりました

あら
ごめんなさい

先週ひっくり返した金魚鉢の
魚たちみたいだわ
早く戻してあげなきゃ…!

全員戻したか?

して、
この件について何を知っておる?

何も

全く何も?

全く何も

それは実に重大じゃ

当然、重大ではない
ということですな

ん、あぁ
重大ではない
ということじゃ

当然じゃ

重大…
重大ではない
重大…
重大ではない

important   unimp...

☞ p.240 │ Story 33

☞ p.244 │ Story 34

アリス…

アリス

起きてアリス

お姉ちゃん…！

ずいぶん長いこと
寝ていたわよ

わたしとっても
おかしな夢を見てたわ！

そう言ってアリスは思い出せる限り
これまでの冒険を語り、現実のお茶会に
間に合うよう、走って家に戻りました

一人残ったお姉さんがアリスの話を
思い返しながら目を閉じると

不思議なことにその情景が
浮かんできます

☞ p.248 │ Story 35

しかしそれらがすべて
あたりの草木や池、牛や農夫が見せる
幻想だということに
お姉さんは気がついていました

最後に目を開けて
アリスの将来を想像しました

無邪気で純粋な子供心を失わず成長し

今度はアリスが子供たちに囲まれ
この不思議な冒険の話をするでしょう

子供たちの喜びや悲しみに共感し

そしてこの幸福な夏の日を
思い出すのでしょう

239

Story 33 ◁)) 69

最後の証人として名前を呼ばれたアリスは、返事をして立ち上がる。

"①Here!" cried Alice, quite forgetting in the *flurry of the moment how large she had grown in the last few minutes, and she jumped up *in such a hurry that she *tipped over the *jury-box with the edge of her skirt, *upsetting all the jurymen on to the heads of the crowd below, and there they lay *sprawling about, *reminding her very much of ②a *globe of gold-fish she had accidentally upset the week before.

語注

flurry 名 慌てること、狼狽

in such a hurry that such ... that ～（「あまりに…なので～」）の呼応に注意

tip over 他動 …をひっくり返す

jury-box 名 陪審員席

upset 他動 …をひっくり返す；（物を倒して）…をこぼす、ぶちまける

sprawl 自動 手足を伸ばして横になる

remind A of B 他動 AにBを思い出させる ※very muchの挿入に注意

globe 名 球状のもの ※ここでは金魚鉢を指す

240

解説講義

① 全体の文構造と分詞構文内の構造をとらえよう 構文

　全体が長い一文で構成される段落なので、大まかな構造をとらえておきましょう。… cried Alice, [… forgetting …], / and she jumped up …, [upsetting …], / and … they lay …, [reminding …]. **andで繋がれる主語・述語の組み合わせが3つあり、それぞれ後半に分詞構文を携えています**。quite forgetting 以下、in the flurry of the momentは予期せず自分の名前を呼ばれ動揺していることを指しており、forgetの目的語はhow large以下です。

② 大過去とは 時制

　she had … the week beforeはa globe of gold-fishを修飾する関係詞節。注目してほしいのはアリスが金魚鉢をひっくり返すという出来事が起きたタイミングで、それはthe week before（物語の時点を起点として「その前の週」）、つまり**物語の時点＝「過去」のさらに「過去」です。この「過去の過去」を文法用語で「大過去」**といいます。

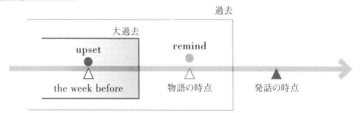

　「過去」から「大過去」へ移行するときは、述語を過去完了形（had upset）にするのが原則。文章はふつう物事が起きた順に書かれるため、途中で時間を遡る場合にはサインを発する必要があるのです。なお、この「大過去」の過去完了には、「完了した結果の相」を表す機能はありません。

【日本語訳】
　「はい！」とアリスは大きな声を上げました。突然のことで慌てていたので、この数分で大きくなっていたのをすっかり忘れていて、とても急いで立ち上がったために陪審席をスカートの端でひっくり返し、陪審員全員をその下にいた聴衆の頭の上にぶちまけてしまいました。彼らが散らばって手足を伸ばし倒れているのを見ると、アリスは先週うっかり倒してしまった金魚鉢のことを思い出しました。

Story 33のつづき　　　　　　　🔊 70

"Oh, *I *beg* your pardon!" she exclaimed in a tone of great *dismay, and began picking them up again as quickly as she could, ①for the accident of the gold-fish kept running in her head, and she had a *vague sort of idea that they must be collected at once and put back into the jury-box, or they would die.

"The trial cannot *proceed," said the King, in a very grave voice, "until all the jurymen are back in their *proper places――*all*," he repeated with great *emphasis, looking hard at Alice as he said so.

語注

I beg your pardon. すみません、失礼しました（begは「懇願する」）

dismay 名 狼狽、動揺

vague 形 ぼんやりした、はっきりしない

proceed 自動 続行する、進む

proper 形 適切な、ふさわしい

emphasis 名 強調

解説講義

① for節内の複雑な構造に注意 　構文

　　forは補足的に理由を表す接続詞で、以下、文の最後まで、アリスが「できる限り陪審員を拾い上げる」理由の内容となっています。 for節内、the accident … kept …, / and she had … というように、主語・述語の組み合わせ2つがandで結ばれているというのが大枠の構成。前半は、keep doingが「…し続ける」なので、「金魚の事件が頭を駆け巡り続けた」。そして後半、a vague sort of idea（「ぼんやりした考え」）の中身が、同格の接続詞thatで導かれています。

　　同格のthat節の中には主語・述語の組み合わせが3つあります。（ⅰ）they must be collected …（ⅱ）and（they must be）put back …,（ⅲ）or they would die. このうち（ⅱ）では、反復を避けるために、they must beが省略されています。また、mustという助動詞には過去形がありませんが、従属節では形を変えないまま用いて、過去のことを表すことができます。

　　（ⅲ）の冒頭の接続詞orは、「さもなくば」の意味。命令文の後が代表的な使い所ですが、このような場面でも使用可能です。wouldは「過去から見た未来」［☞ p.225 ②］で、「（金魚と同様、すぐに集めて陪審員席に戻さないと）死んでしまう」という意味になります。

　　それにしても、最終章の幕開け早々に出てくるこの金魚事件の連想。"they would die"という直截な表現には、どきっとさせる不吉さがあります。

【日本語訳】

　　「ああ、本当にごめんなさい！」とアリスはひどく動揺した声で叫び、陪審員をできるだけ急いで拾い上げました。というのも、金魚の事件のことがずっと頭を駆け巡っていたので、なんとなく、すぐに集めて陪審員席に戻さないと死んでしまうと思い込んでいたのです。

　　「裁判は進められんぞ」と王様はとても厳かな声で言いました。「陪審員が全員自分の席に戻るまではな──全員じゃ」王様ははっきり強調して繰り返し、そう言いながらアリスをじっと見つめました。

第12章

物語はついにクライマックス。

"Let the jury consider their *verdict," the King said, for about the twentieth time that day.

"No, no!" said the Queen. "*Sentence first——verdict afterwards."

"*Stuff and nonsense!" said Alice loudly. "The idea of having the sentence first!"

"*Hold your tongue!" said the Queen, *turning purple.

"I won't!" said Alice.

"Off with her head!" the Queen shouted at the top of her voice. Nobody moved.

"①<u>Who cares for *you*?</u>" said Alice (she had grown to her *full size by this time.) "You're *nothing but a *pack of cards!"

語注 ···

verdict 名 評決

Sentence first —— verdict afterwards. 陪審員が出した評決 (verdict) に基づき、裁判官が判決 (sentence) を下すというのが裁判の手順。それを短気な女王が「判決を先にしよう」と

244

言い出した。

Stuff and nonsense! くだらない！《stuff にも「馬鹿げたこと、戯言」という意味がある》

hold your tongue 黙っている、口を慎む　　turn purple 怒りで顔が赤くなる

full size （ここでは）元の大きさ

nothing but... ただの…でしかない ※アリスが怒りに堪え兼ねて口にしたこの一文が「不思議の国」でアリスが口にする最後の言葉

pack 名 （トランプの）1セット

解説講義

① 修辞疑問文／*you* は誰を指す？ +α

　　care for は「…に関心を持つ、注意を払う」。who を主語とする疑問文の形で用いられています。**疑問詞を主語とする場合、その主語は三人称・単数扱いになります**（だから cares と三単現の s がついている）。

　　この疑問文は、段落末がエクスクラメーション・マーク（！）になっていることからも分かる通り、実質的には答えを期待しておらず Nobody cares for you!（「誰もあなたたちのことなんて気にかけやしない！」）という趣旨（修辞疑問 [☞ p.111 ①]）。女王様の命令を受けても動かないトランプの軍団に、仮にあなたたちが襲いかかってきても気にしない、と言っているわけです。

　　you は女王様一人を指していると取れなくもないですが、直前で**「女王様のトランプ軍団に対する命令」から「不動のトランプ軍団」（Nobody moved.）へと語り手（とアリス）の視線が動いていることを考えると、トランプの一団を指すと考えたほうが自然でしょう。**

【日本語訳】
　「陪審員は評決を」王様は、この日二十度目にもなろうかという言葉を言いました。
　「違う、違う！」と女王様は言いました。「判決が先──評決は後じゃ」
　「馬鹿げてる！」とアリスは大きな声で言いました。「判決を先にするなんて！」
　「黙りなさい！」と女王様は、真っ赤になって言いました。
　「黙らない！」とアリス。
　「首を切れ！」と女王様はこれ以上なく大きな声で言いました。誰も動きません。
　「誰があんたたちのことなんか気にするもんですか！」とアリス。（アリスはこの時には元の大きさに戻っていました。）「あんたたちなんて、ただのトランプじゃないの！」

Story 34 のつづき ◁)) 72

At this the whole pack rose up into the air, and came flying down upon her: ①she gave a little scream, *half of fright and half of anger, and tried to *beat them off, and *found herself lying on the bank, *with her head in the *lap of her sister, ②who was gently brushing away some dead leaves that had *fluttered down from the trees upon her face.

"Wake up, Alice dear!" said her sister. "Why, *what a long sleep you've had!"

"Oh, I've had such a curious dream!" said Alice.

語注 ....

half of fright and half of anger　halfは副詞で「frightとangerが半々だった」ということ。of frightとof angerはscreamにかかっており、ofは〈性質〉を示す用法 [☞ p.160]。つまり、「恐怖と怒りが半々に混ざった叫び声 (scream)」だったということ。

beat off　他動 追い払う、払い除ける

find oneself doing　自分が…していることに気づく ➡ 気づいたら…している [☞ p.47 ③]

with　付帯状況 [☞ p.67]　　lap　名 膝　　flutter　自動 ひらひら舞う

what a long sleep you've had!　〈What (a) 形 + 名 (+ SV)〉で、驚きなどの強い感情を表す感嘆文

解説講義

① 文構造をとらえよう 構文

she gaveから段落末尾のher faceまでの長い1文の構造を整理してみます。

she gave ...,/ and [she] tried ...,/ and [she] found ... her sister,/ who was ....

she＝Aliceを主語とする節3つがandで繋がれたのち、her sisterを非制限用法のwhoで受けた4つ目の節が続くという構造です。

andで3つのものをつなぐ場合、A, B, and Cとするのが基本ですが、ここではA, and B, and C (, who D) と、後から後から付け足していく感じになっています。**このいささかまとまりのない構成に、渦中のアリスも何が何だかわからないうちに気づいたら元の世界に戻っていたという感じが出ています。**

② 〈動詞＋副詞〉の句動詞と目的語の位置 語法

brush awayは「払い除ける」という意味の句動詞。このように〈動詞＋副詞〉の句動詞が目的語を伴う場合、その位置には2つのパターンがあります。

（a）目的語が代名詞の場合：brush O awáyのみ

（b）目的語が普通名詞の場合：brush O awáy / brush away Óのどちらも可

この差は、**英語では後ろに新情報が来るという原則から説明できます** [☞ p.232]。（a）代名詞の場合、それは既出の情報ですから、後に置いて焦点を当てるのはおかしい。対して（b）普通名詞の場合、それが新情報として伝えたい要素ならawayの後に置けばいいのです（O＝some dead leavesである本文もこのパターン）。

なお、had fluttered downの完了相は、「落ちる」という変化が終わった結果として、枯れ葉がすでにアリスの顔にのっていることを示しています。

【日本語訳】

　この時、トランプ全部が空中に舞い上がり、アリスに襲いかかってきました。アリスは恐怖半分、怒り半分で小さく叫び声を上げ、払い落とそうとし、気づいたら土手に横になって頭をお姉さんの膝にのせていて、木からひらひら落ちてアリスの顔にかかっていた枯れ葉を、お姉さんが優しく払い除けてくれているのでした。

　「起きなさい、アリス!」お姉さんが言いました。「ほんとうによく眠ったわね!」

　「ああ、わたし、とても不思議な夢を見たの!」とアリスは言いました。

目覚めたアリスが家に戻るのを見送った姉は、一人川岸に残り、アリスの冒険を夢想しながら、彼女の行く末に思いを馳せる。

But her sister sat still ①just as she left her, *leaning her head on her hand, watching the setting sun, and thinking of little Alice and all her ②wonderful Adventures, till she too began dreaming *after a fashion, and *this was her dream:——

［中略］

Lastly, she *pictured to herself how ③this same little sister of hers would, in the after-time, be *herself a *grown woman; and how she would keep, *through all her *riper years, the simple and loving heart of her childhood;

語注 ⋯⋯⋯⋯⋯⋯⋯⋯⋯⋯⋯⋯⋯⋯⋯⋯⋯⋯⋯⋯⋯⋯⋯⋯⋯⋯⋯⋯⋯⋯⋯

lean 他動 …を(…に)もたせかける(on, against) ※ここでは頬杖をついていることを示す。

after a fashion なんとか、どうにか ※アリスと同じように夢を見ることは難しいが、それでもやってみようとするということ。

this 後に書かれることを指す〈後方照応〉の用法

picture 他動 …を心にありありと思い浮かべる ※目的語はhow節で、以下この段落の最後まで、howが4回繰り返されている。このhowは接続詞のthatとほぼ同義の文語的な用法。how節の中に毎回出てくるwouldは「過去から見た未来」。

248

herself 主語と同格の強調用法。「（今はアリスは子どもだが）やがて彼女自身が大人の女性になる」というニュアンス。

grown 形 成長した、大人の ※自動詞の過去分詞を形容詞的に用いると〈完了〉の意味が含まれる。

through 前 …の間ずっと　　riper ＜ ripe 形 成熟した

解説講義

① sheとherはだれを指す？／asの用法　代名詞

　　代名詞がややこしいですが、**she は Alice** 、**her は Alice's sister** を指します（she と her が別人物であることについては ［☞ p.112］）。leave は〈leave O C〉で「O を C の状態で残す」。just as she left her は「アリスが姉を置いていったそのままの状態で」というように sat の〈様態〉を表します。as は一見〈時〉と取りたくなりますが、それだと主節（her sister sat still）との整合性が取れなくなります。

② wonderful Adventuresに込められた意味　語法

　　『不思議の国のアリス』の原題は、Alice's <u>Adventures</u> in <u>Wonderland</u>。Adventures の語頭の大文字は、このタイトルを踏まえています。

③ sameの用法／〈of＋所有代名詞〉　語法

　　same は特定の存在への指示を強調して「今言ったばかりの…」。「あの小さい妹が大人になるなんて！」という気持ちが含まれています。

　　of hers がうしろについているのは、名詞の頭に her と this を同時につけることができないため。a friend of mine（*a my friend）、that long nose of his（*his that long nose）のように〈of＋所有代名詞〉を使うことで、冠詞や指示代名詞と所有格とをひとつの名詞につけることができます。

【日本語訳】

　　けれどお姉さんは妹が去って行ったときのままじっと座ってしていました。頬杖をつき、夕日を見つめ、小さなアリスと彼女の不思議な冒険の数々のことを考え、ついには自分もなんとか夢を見始めました。それはこんな夢でした──

　　［中略］

　　最後にお姉さんは想像してみました。この小さな妹が、やがて大人の女性になるところを。大人になってからもずっと、子どもの頃の純粋で優しい心を持ち続けるところを。

Story 35のつづき　　　　　　　　　　　　　　　🔊 74

and how she would ①gather about her other little children, and ②make *their* eyes bright and *eager with *many a strange tale, perhaps even with the dream of Wonderland of long ago; and ③how she would feel with all their simple sorrows, and find a pleasure in all their simple joys, remembering her own child-life, and the happy summer days.

語注

eager 形 熱の込もった、熱心な
many a 形 多数の

解説講義

① aboutの場所に関する2つの意味 語法

　aboutは副詞として用いられ「周りに」の意味。p.247で述べたように、gather her other little children about / gather about her other little children、いずれの語順も可能ですが、her other little children が新情報であること、またこの目的語がやや長いこともあり、aboutが先にきています。

　場所を表す前置詞・副詞のaboutは大きく異なる2つの意味──（1）…の周囲に、（2）…の中であちこちに──を持ちます。about the roomといった場合、（1）「部屋の周囲（＝外）」と、（2）「部屋のあちこち（＝内）」、両方の可能性があるのです。どちらになるかは文脈次第で、その都度判定する必要があります。

② *their*の斜字体のニュアンス +α

　their（＝the children's）が斜字体で強調されているのは、「アリスが話を聞く側でなく、今度は子どもたちに話をする側になるんだなあ」という感慨が滲み出る感じ。the dream of Wonderland が「ずっと昔」（long ago）のことだと言われているのは、「大人になったアリスから見れば」ということです。

③ 最後の一文：対句的な構成 +α

　feel with…は「…に共鳴する」、simpleは「（子どもらしく）無邪気な」。feel with all their simple sorrowsとfind a pleasure in all their simple joysという2つの述部で "… all their simple …"という形が対句的に反復されています。その後の分詞構文でも2つの要素が並べられ、「自分の子ども時代」と「幸せな夏の日々」を「思い出すだろう」と結ばれています。左右に揺られるような「2＋2」のリズムで、『不思議の国のアリス』は穏やかに幕を閉じます。

【日本語訳】

周りに小さな子どもたちを集め、あれやこれやの不思議なお話を、そしてもしかしたらずっと昔に見た不思議の国の夢の話までして、子どもたちの目を輝かせ生き生きとさせてあげるところを。子どもたちの純粋な悲しみを分かち合い、子どもたちの純粋な喜びを嬉しく思い、自分の子どもの頃を、あの幸せな夏の日々を、思い出すところを。

文法をさらに深める

テーマ → 仮定法 —— 法助動詞 (2)

10 章のコラムの最後で、法助動詞の過去形は仮定法であると述べました。英語における仮定法は、見かけ上のマーカーが乏しいことに特徴があります。ザ・仮定法たる**if I were a bird**の**were**と、仮定法現在における動詞の原形——見た目で仮定法と断定できるのは、わずかにこの2つだけ。ですから**would**や**could**が、**will**や**can**の過去版として過去のことを述べているのか、仮定法で仮想的な態度を示しているのかは、意味を見て判断しないと決められません。

あらためて、本文で出てきた後者の実例を集めてみます。

(1) All I know is, it would feel very queer to *me*. [p.104]

(2) Please would you tell me why your cat grins like that? [p.126]

(3) No one could possibly hear you. [p.120]

(4) I think you might do something better with the time. [p.144]

いずれもif節を含んでいませんが、潜在的には仮定が含まれています。

(1) なら「サナギになりチョウになるという変化が私に起きたとすれば」というのが隠された仮定。その意味では、事実上 to me が仮定になっています。(2) では「もしよろしければ (教えていただけませんか)」、(3) なら「その気になったとしても (誰も君のノックの音は聞こえない)」、(4) の場合は「もし何かするなら (もっとマシなことをすればいいのに)」という感じでしょうか。

ただし、発話者の頭の中でいちいちこうした仮定が明確に意識されているわけではありません。仮想的だというニュアンスが入ることで、表現が事実の断定から遠のき間接的になる、という点がポイントで、それを押さえていれば、隠された仮定の再現に汲々とする必要はないでしょう。

むしろ重要なのは、各助動詞の個性。(2) の**would**は**could**にすればより丁寧、(4) のように相手を非難する用法は**might**と**could**で可能、など、それぞれの助動詞の中心的な意味や表情をつかんでおくことが大切です。

読書案内と参考文献

　本書で取り上げたのは『アリス』全体の4〜5分の1程度。通読を目指す方には、安井泉・訳注『対訳・注解 不思議の国のアリス』（研究社、2017年）が便利です。洋書なら、本書が底本とした *The Annotated Alice. The Definitive Edition*（Ed. Martin Gardner, Penguin, 2000）が、読んで楽しい注釈付きでオススメ。本邦ではこの注釈書の翻訳も出ています（『詳注アリス 完全決定版』高山宏訳、亜紀書房、2019年）。

　英文法に関心がおありの方は、ぜひ厚めの文法書を1冊手元に置いて疑問が出るたびに開いてみてください。かっちりした性格の方には、江川泰一郎『英文法解説』（金子書房、1991年）。適当に開いたページを読んで楽しいのは、綿貫陽、マーク・ピーターセン『表現のための実践ロイヤル英文法』（旺文社、2006年）。「この表現はなぜこうなの？」という疑問には歴史方面からのアプローチもおもしろい。堀田隆一『英語の「なぜ？」に答える はじめての英語史』（研究社、2016年）は格好の入門書。

　英文読解の参考書は挙げ出したらキリがありませんが、あえて1冊。真野泰『英語のしくみと訳しかた』（研究社、2010年）は、前半が文法で後半は翻訳の講座。全体を通じて英語を読むことの勘所と楽しさを教えてくれる、これ以上ない本です（ただしレベルはちょっと高め）。

　英語を読むことに慣れてきて、いまいち意味がはっきりしない単語が出てきたら、ぜひ英英辞典を使ってください。はじめは Longman Dictionary of Contemporary English（https://www.ldoceonline.com/）、Collins COBUILD Advanced Learner's Dictionary（https://www.collinsdictionary.com/）あたりから。どちらもオンラインでアクセスできます。

　最後に、ルイス・キャロルや『不思議の国のアリス』について知りたい方には『ユリイカ 3月臨時増刊号 150年目の『不思議の国のアリス』』（青土社、2015年）を。収録された多彩な『アリス』論を眺めてみて、気に入った穴にダイブ！

上記以外で主に参考にした辞書、文法書は以下の通り。

The Oxford English Dictionary. 2nd ed.

Biber et al. *Longman Grammar of Spoken and Written English.* Longman, 1999.

Huddleston et al. *The Cambridge Grammar of the English Language.* CUP, 2002.

Leech, Geoffrey. *Meaning and the English Verb*, 3rd ed. Routledge, 2004.

Quirk et al. *A Comprehensive Grammar of the English Language.* Longman, 1985.

Swan, Michael. *Practical English Usage.* 3rd ed. OUP, 2005.

おわりに

　本書を書きながら、改めて「文法って面白いなぁ」と思い、そしてその面白さに、語学という観点からは危ういものを感じました。面白すぎるのです。どうしてこうなるのか、こっちはどうだ、どうしたらもっとも包括的な説明ができるんだろう——と考え調べているうちに、のめり込んでしまう。効率的な言語の習得という観点からしたら、それがいいことなのかは若干疑問、というか、どちらかというと——。

　まさにノンセンス。でも、やっぱりその面白さを感じてもらえたら嬉しいという気持ちで本書を書きました。文法は道具ですが、それ自体でも面白い。語学もそう。その面白さはときに無意味な方向に発散されるかもしれませんが、それも含めて最終的には有用な方向にも資してくれるでしょう、と、キャロルには悪いがここでは文法の良識（センス）を信じておきます。

＊　＊　＊

　本書には立役者が3人います。

　まずはイラストのはしゃさん。本書は2021年度の『基礎英語1』に連載された「アリス図絵」が出発点です。毎月出来上がってくる作品は、当時のぼくの大きな楽しみでした。本書は英文読解の学習本、と見せかけて、

254

何よりもはしゃさんの漫画の本。あの連載がこの本にまで辿り着いたことが嬉しいです。

　2人目は友人の足立伊織さん。『基礎英語1』の英米文学コーナーをはしゃさんと組んで、数年にわたって盛り立てていたのが足立さんです。その力量がなければ、本書への道筋はそもそもとっくの手前で途絶していたでしょう。その意味で本書は彼との合作のつもりです。

　そして誰よりも、編集の伊藤大河さん。本書の制作は伊藤さんとの二人三脚で進められました。おかけしたご迷惑は数知れず（と世の多くの著者が書くのを訝しんでいましたが、自分もやってみたらそうなりました）、打ち合わせ等での楽しい思い出も数知れません。伊藤さんとこの企画・本に取り組んだ2年間は、今後の自分にとって大きな財産だと思っています。

　最後に、中学生のぼくに英語の手解きをしてすべてを変えてしまった故武藤薫先生と、その研究仲間である東北外国語教育研究サークル協議会の皆さんに、この場を借りて感謝の気持ちを記します。

2023年1月

勝田 悠紀

著者

勝田 悠紀 かつた・ゆうき

1991年埼玉県生まれ。東京大学大学院人文社会系研究科博士課程在籍。専門はディケンズを
はじめとした英文学。論考に「距離、あるいはフィクションの恥ずかしさについて」(『エクリヲ vol.13』)
など、訳書にスラヴォイ・ジジェク『あえて左翼と名乗ろう――34の「超」政治批評』(青土社)。

イラスト

はしゃ

新潟県出身。健康で活発なおばあちゃんになるのが夢。主なマンガ作品に『さめない街の喫茶店』
(イースト・プレス)、『フィリピンではしゃぐ。』(KADOKAWA)、『眠くなる前に話したいことがあと3つあって』
(共著、イースト・プレス)。

装丁	atelier yamaguchi
本文デザイン	堀田 滋郎、加藤 裕子 (hotz design inc.)
校正	円水社
音声吹き込み	Steven Ashton
音声編集	曽雌 宏樹
編集	伊藤 大河

音声DL BOOK

『不思議の国のアリス』で深める英文解釈12講
「ナンセンスの王国」に英文法で迫る

- -

2023年2月15日　　第1刷発行

著　者　勝田悠紀
　　　　ⓒ2023 Katsuta Yuki

発行者　土井成紀

発行所　NHK出版
　　　　〒150-0042　東京都渋谷区宇田川町10-3
　　　　TEL　0570-009-321(問い合わせ)
　　　　TEL　0570-000-321(注文)
　　　　ホームページ　https://www.nhk-book.co.jp

印刷・製本　凸版印刷

Printed in Japan
ISBN978-4-14-035182-6 C0082